円安の何が悪いのか?

村上尚己著 Naoki Murakami

JN197837

2545
Shinsyo

はじめに

2022年の初頭から、対米ドルに対し急速な円安が進行し、同年の後半には1米ドル＝110円台から150円台まで急騰した。22年末から23年初頭には130円台まで一時戻ったものの、24年6月には1米ドル＝160円60銭にまで達した。

過去3年弱続いた円安について、多くのメディアが否定的な評価を下し、「円安が国民の生活を苦しくしている」「円安によって経済状況が悪くなる」といったニュアンスの評価が散見されている。

しかし、筆者は2022年から24年まで進んだ円安は「行きすぎている」とも「日本経済に悪影響を及ぼす」とも決して思わない。「円安＝悪」といった論調には、強い違和感を覚えていた。

そもそも為替レートは、通貨の価値なのだが、いずれかもしくは両国の通貨価値が動けば変動する。たとえば、米ドルの価値が高まると、その分だけ相対的に円の価値が下がり、ドル高・円安になる。

実はシンプルなメカニズムによって、為替レートは動いている。

オールドメディアでみかける、日本が「衰退している」とか、「産業が弱体化」しているため円安になっているというのは誤解である。為替レートを決めるのは「両国間のマネタリー・ベースの比率」などであり、それをコントロールしているそれぞれの国の金融政策なのである。

こうした単純な理論が正しく解説されないままに、円安悪玉論がまかり通っている現状に一矢を報いるべく筆をとることにした。

ここ十数年、目まぐるしく変化した日本経済を思い起こしてほしい。

2008年のリーマン・ショック後に、金融政策の失策により超円高を招き、

２０１２年までデフレと円高の悪循環に自ら陥ってしまったことは周知の事実である。その後、アベノミクスが始動した２０１３年以降、日本銀行が黒田前総裁の主導で大胆な金融緩和政策を継続した結果、行き過ぎた通貨高修正の好循環が始まり、２０２４時点で日本は長いデフレ不況のトンネルを抜けつつある。

日本では、24年10月1日から石破茂氏が新たな自民党総裁となったが、経済政策は岸田政権を引き継ぐ姿勢を強調しており、着任早々、植田和男氏（日銀総裁）に対しても「現在、追加の利上げをするような環境にあるとは考えていない」と日銀に釘をさした。

一方、米国では２０２５年からトランプ政権が誕生。減税や規制緩和などの施策は、米国の経済成長率にプラスに作用し、24年9月に利下げを始めたＦＲＢ（米連邦準備理事会）は来年に政策金利を高止まりさせる可能性が高い。

２０２５年も米経済の堅調な成長が続き、米長期金利が大きく低下しないことで日本経済にとっても追い風である。日本銀行が適切な金融政策を続ければ、大幅な円安という望ましい状況は続くかもしれないが、それは日銀の政策判断次第だろう。

アベノミクスから10年を経過して、再び日本経済は息を吹き返そうとしている。

今、本書において改めていかに円安が日本経済にとって、大きな効果を生んでいるかを検証していきたい。「円安によって多くの日本人が再び豊かになる」という筆者の考えをご理解いただければ幸いである。

円安の何が悪いのか？　もくじ

第1章

「円安悪玉論」を検証する

▼なぜ「通貨安＝日本衰退の象徴」なのか？

２０２２年初頭から、対米ドルに対し急速に円安が進行し、１１０円台から22年後半には１５１円に急騰した。22年末にいったん１３０円付近まで戻ったものの、再び円安に転じて、24年６月26日には１米ドル＝１６０円60銭にまで達した。

ほとんどのメディアでは、昨今の円安に対して否定的な評価を下しており、実際に多くの国民が「円安によって生活が苦しくなっている」「円安が止まらなければ、経済状況が悪くなる」など、「円安＝悪」という認識を抱いているようだ。

通貨当局（政府・財務省）は、１９８５年以来の円安水準となる１ドル＝１６０円台までに円安が迫ったことを懸念してか、２０２４年５月に約10兆円規模の大規模な円買い介入を実施した。

にもかかわらず、それから１カ月余りで１米ドル＝１６０円を超えたことで、「円安が行きすぎている」という認識がさらに強まり、最近では、「円安こそが日本衰退の象徴である」とさえ考える人が増えているようである。

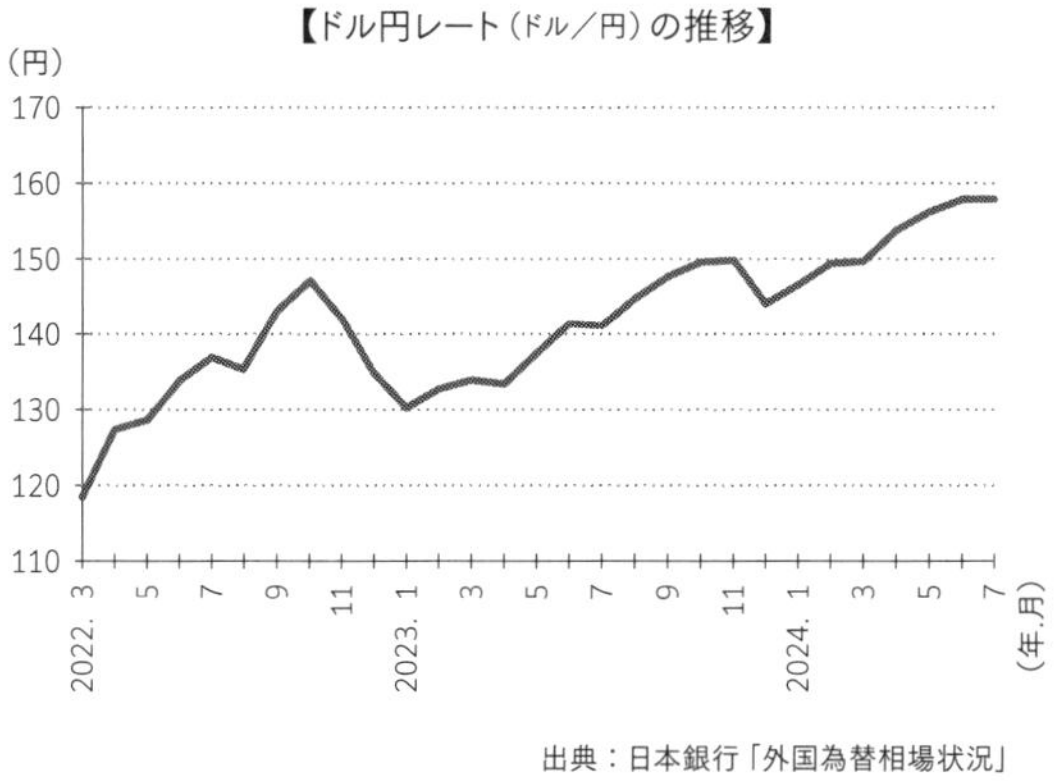

図表1　為替の動きは経済のメカニズムに裏付けられている

しかし、筆者は2022年から24年まで進んだ円安が「行きすぎている」とは決して思わない。「円安＝悪」「円安は問題である」という議論や風潮に対しては強い違和感を覚えざるをえない。

なぜなら、円安は将来にわたって日本人の生活を豊かにする可能性が高いと考えているからだ。

筆者がそう考える理由を説明する前に、まず理解してもらいたいのが、円安や円高を引き起こす為替レートのメカニズムだ。

無責任なメディアや一部の経済学者は、2022年からの円安が起きた理由を説明する際に、回りくどい用語を駆使しながら、

「円安＝悪」というイメージを国民に植えつけようとしているが、実のところ、為替レート変動のメカニズムは非常に単純で、「両国の物価上昇率（インフレ率）の変動」という一言で片づけられる。

とはいえ、突然「為替レートとインフレ率に因果関係がある」などと言われてピンとくる人はあまり多くないだろう。そこで、まずは為替レートとは何かということから説明していくことにしよう。

▼為替レートは「通貨の価値」で説明できる

為替レートとは、両国間の通貨の交換レート（＝交換比率）である。つまり、日米間の為替レートであれば、米ドルと円の交換レートということになる。

為替レートは、いずれかもしくは両国の通貨価値が動いたときに変動する。例えば、米ドルの価値が高まると、その分だけ円の相対的な価値が下がる。そうすると、交換レートが変動し、為替レートがドル高・円安となるわけだ。

ここで、「通貨価値って変動するの？」と疑問に感じる人もいるかもしれない。たしかに、私たちが普段何気なく生活していると、千円札には1000円、一万円札には1万円の固有の価値があるように感じがちだが、それは大きな間違いだ。

例えば、千円札の価値は、それによってどのようなモノやサービスを得られるかによって決まる。これは言い換えると、千円札の価値は物価によって決まるということだ。

▼物価はモノやサービスの量で決まる

物価は「世の中で売り買いされているモノやサービスの量」と「世の中に出回っている通貨の量」のバランスで決まる。モノやサービスの量に対して通貨の量が多くなると、モノやサービスの量が相対的に少なくなるため、それだけ物価は上がる。

これがいわゆる「インフレ」と呼ばれる状態だ。

一方で、カネに対してモノやサービスの量が多くなると、モノやサービスの量が相対的に多くなるため、物価が下がる。これがいわゆる「デフレ」と呼ばれる状態というわけだ（図表2→16ページ）。

このようなメカニズムで物価は変動し、それに応じて通貨価値も変動する。

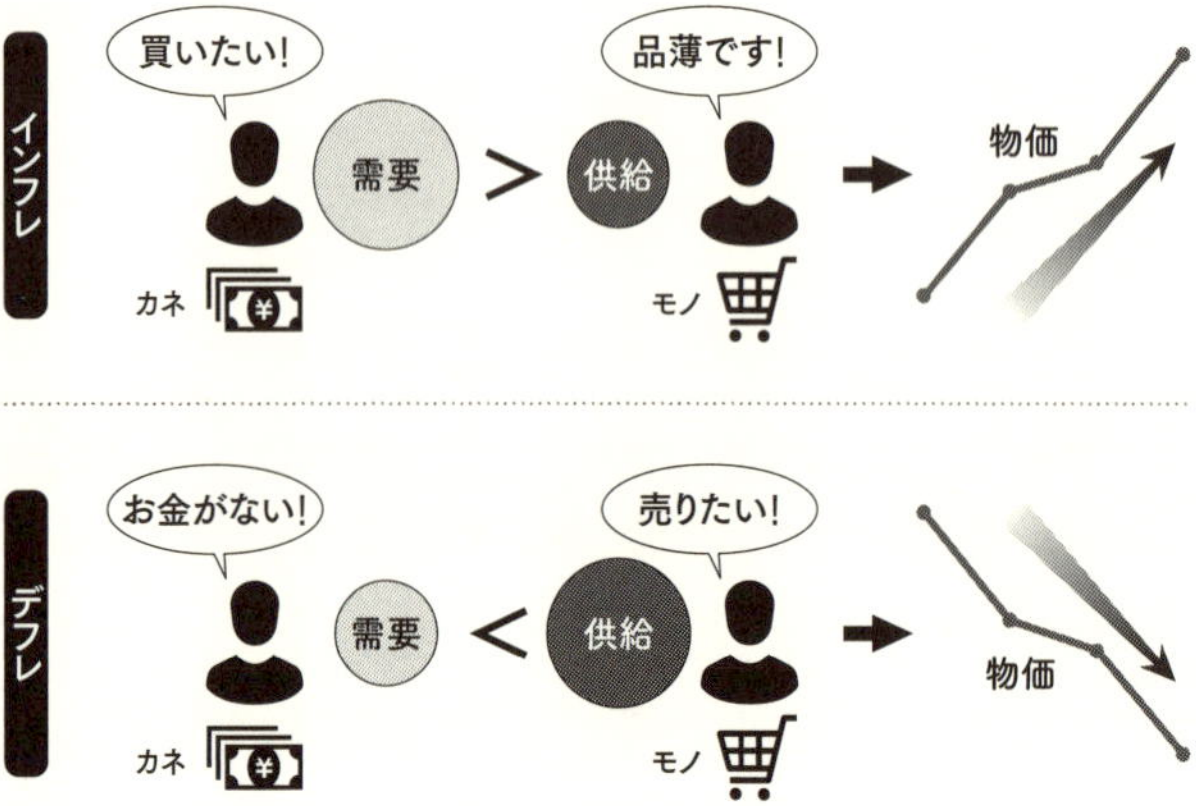

図表2　インフレとデフレの構造

そのため、両国の通貨価値は、両国の物価の変動、さらに正確に言うと両国の「物価の上昇率（インフレ率）の変動」によって変動するということができる。

つまり――

［1］為替レートは、両国の通貨価値の変動によって変わる

［2］両国の通貨価値は、両国の物価上昇率（インフレ率）の変動によって変わる

――ということになる。

そして、［1］と［2］を組み合わせると――

[3] 為替レートは、両国の物価上昇率（インフレ率）の変動によって決まる（変動率の差で決まる）

――という結論になる。

これが、冒頭で述べた、為替レートは「両国の物価上昇率（インフレ率）の変動」によって決まるメカニズムだ。

次ページの図表3は、日米の物価上昇率（インフレ率）の差とドル円レートの推移を表したグラフだが、これを見ると、日米の物価上昇率（インフレ率）の差と為替レートの動きに相関関係があることがよくわかるだろう。

▼購買力平価説

ここまで筆者が解説してきた「為替レートは、両国の物価上昇率（インフレ率）の変動によって決まる」という考え方は、「購買力平価説」が根拠となっている。

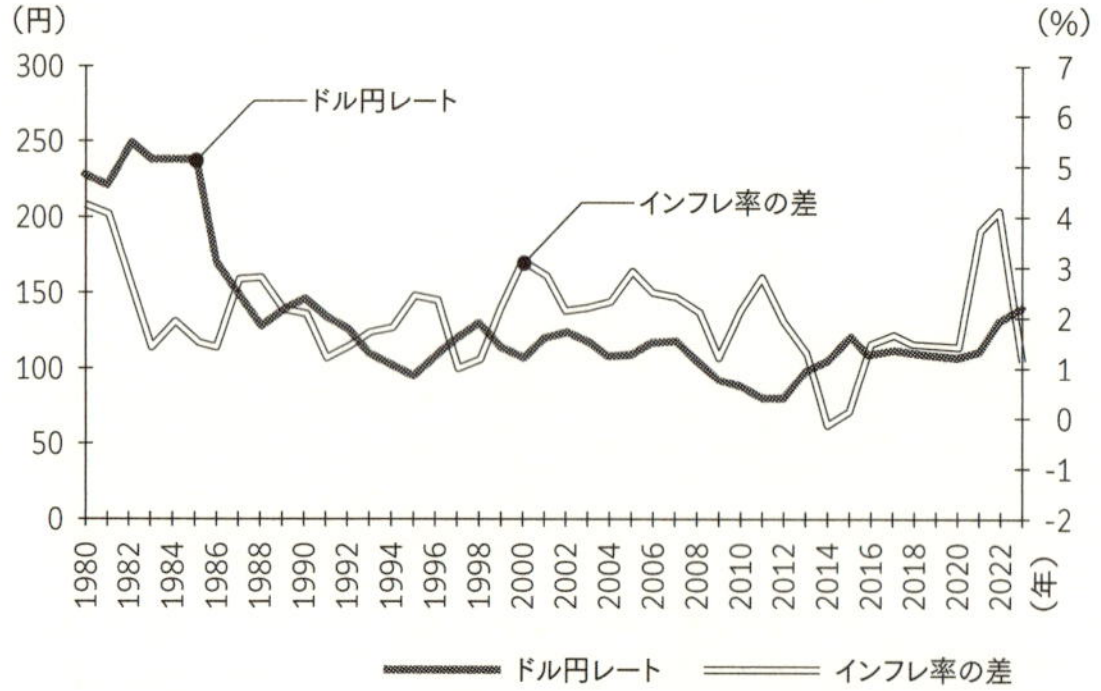

出典：FRB「Foreign Exchange Rates」・
IMF「世界経済見通しデータベース」

図表3　**日米の物価上昇率（インフレ率）の差とドル円レートの推移**

購買力平価とは、同じモノ・サービスは、2国間で同じ価格になるように為替レートの調整が進むという理論だ。

例えば、ある商品（ここでは仮に商品Aとする）が日本では100円、アメリカでは1米ドルで購入できる場合、購買力平価に基づく理論上の為替レートは1米ドル＝100円ということになる。

その際に、金融市場の思惑をきっかけに、実際の為替レートが1米ドル＝110円になったとしよう。その場合、日本で売られている商品Aはアメリカで売られている商品Aと比べて割安ということになる。

すると当然、アメリカの消費者は日本

の商品Aを購入するためにドルを売って円を買うようになる（いわゆる裁定取引が行われる）。その結果、ドルの供給が増え、円の需要が増えるため、為替レートは1米ドル＝100円へと円高・ドル安方向に調整されるのだ。

逆に、何らかの原因でドル安が起きて為替レートが1米ドル＝90円になったとしよう。その場合、アメリカで売られている商品Aは日本で売られている商品Aと比べて割安ということになるため、日本の消費者がアメリカの商品Aを購入するために、円を売ってドルを買うようになる。その結果、為替レートは1米ドル＝100円へと円安・ドル高の方向に調整されることになる。

このように、購買力平価説の理論に沿って考えると、それぞれの国のインフレ率の変動が為替レートに対していかに影響を与えているかがよくわかる。

購買力平価説は、経済学の中では常識となっており、まともな経済学者でこれを否定する者はほとんどいない。そして、この説を根拠としているからこそ、「為替レートは、両国の物価上昇率（インフレ率）の変動によって決まる」ということは自明なのである。

▼物価上昇率をコントロールするのは中央銀行

それでは、物価上昇率（インフレ率）とは、どのように決まるのだろうか。

その答えは、ずばり、中央銀行の金融政策である。

金融政策とは、中央銀行が、世の中に出回る通貨の供給量などを調整することによって、物価や経済の安定を図る政策である。

具体的には、中央銀行が通貨の供給量を増やすと、通貨の量に対して商品やサービスの量は相対的に少なくなり、商品やサービスの価値（＝物価）は上昇し、インフレが起こる。

一方で、中央銀行が通貨の供給量を減らすと、通貨の量に対して商品やサービスの量は相対的に増えることになり、商品やサービスの価値（＝物価）は低下し、デフレが起こる。

そして、中央銀行が通貨の供給量を増やすことを「金融緩和」と呼び、通貨の供給量を減らすことを「金融引き締め」と呼ぶ。この2つの用語は、テレビや新聞などでたびたび耳にするワードだと思うが、これまで漠然としか理解していなかったという人もいるだろう。そうした人は、このタイミングでよく覚えてほしい。

中央銀行は、その都度の景気の動向に応じて、金融緩和または金融引き締めを行い、物価を調整する。言い換えれば、各国の中央銀行が金融政策を行うことによって、物価上昇率（インフレ率）は変動するわけだ。

話が入り組んできたので、ここまでの解説をまとめると――

［1］為替レートは、両国の物価上昇率（インフレ率）の変動によって変わる。

［2］両国の物価上昇率（インフレ率）は、両国の中央銀行の金融政策によって変わる。

――ということになる。

そして、［1］と［2］を組み合わせると――

［3］為替レートは、両国の中央銀行の金融政策によって変動する

――という結論になる。

例えば、ドル円レートは、日米両国の金融政策によって決まる。

アメリカの中央銀行に相当するＦＲＢ（連邦準備制度理事会）が金融引き締めを実施する一方、日銀が金融緩和を実施すると、米ドルの供給量は減少する一方、円の供給量が拡大する。その場合、米ドルに対して円の量が多くなるわけだから、ドル高・円安になるというわけだ。

▼為替レートは通貨の供給量によって決まる

ここまでの話を聞いて、勘の良い人なら気づくかもしれないが、実は為替レートは、両国の通貨の供給量によっても変動する。

その理屈はシンプルで、

［1］為替レートは、両国の中央銀行の金融政策によって変動する。
［2］両国の通貨の供給量は、両国の中央銀行の金融政策によって変動する。

したがって

［3］為替レートは、両国の通貨の供給量によって変動する。

という結論が導き出されるわけだ。

▼中央銀行が直接供給する米ドルの通貨量が減ると円安になる

各国の通貨の量は、マネタリーベースとも呼ばれる。例えば、日銀が世の中に供給している円の総量は日本のマネタリーベース、FRBが世の中に供給している米ドルの総量はアメリカのマネタリーベースと言い換えることができる。

この因果関係を支えるメカニズムは図表4（↓24ページ）の通り。

つまり、「お金の量が増えると、希少価値は下がる（逆にお金の量が減ると希少価値が上がる）」という自然の法則にすぎない。要は、米ドルに対して円の量が少なくなると、相対的に円の希少価値が上がって円高になり、米ドルに対して円の量が多くなると、相対的に円

円とドルの量によって為替レートが決まる

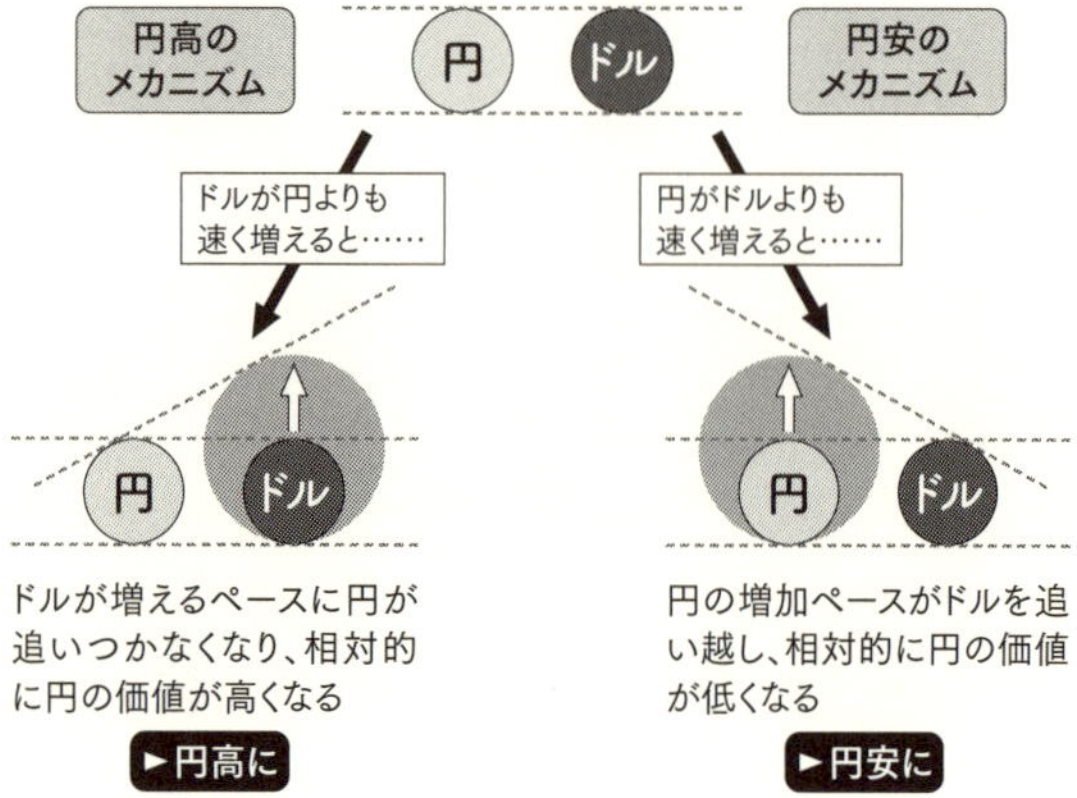

図表4　**為替とマネタリーベースの関係**

の希少価値が下がって円安になるというだけの話だ。

ここで、日銀の金融緩和が、ドル円相場で円安を導くまでの流れを具体的に見ていこう。

[1] 日銀が金融緩和を行う。

←

[2] 日本の市場全体に流通する円の総量（＝日本のマネタリーベース）が拡大する。

←

[3] 円の総量が増えたことで、「投資」「消費」「貯蓄」に使われるすべての円が相対的に増える。

［4］為替市場に流入する円の総量が増加する。

←

［5］為替市場に流入する米ドルの総量（＝アメリカのマネタリーベース）に対して、流入する円の総量（＝日本のマネタリーベース）が相対的に増加すると、為替市場において米ドルに対する日本円の価値が相対的に下がり、円安が引き起こされる。

←

つまり、両国の金融政策の結果、日本のマネタリーベースの増減率がアメリカのマネタリーベースの増減率を上回ったときに、ドル円相場で円安が発生するということだ。

図表5（↓26ページ）は、日米のマネタリーベース比率（日本のマネタリーベース／アメリカのマネタリーベース）とドル円レートの推移を表したグラフだ。

グラフの左の目盛りはドル円レート、右の目盛りは日米のマネタリーベースの比率である。上に行くほど、日本のマネタリーベースが相対的に増えて（＝日米マネタリーベース比率が上昇）、下に行くほど、アメリカのマネタリーベースが相対的に減っている（＝日米

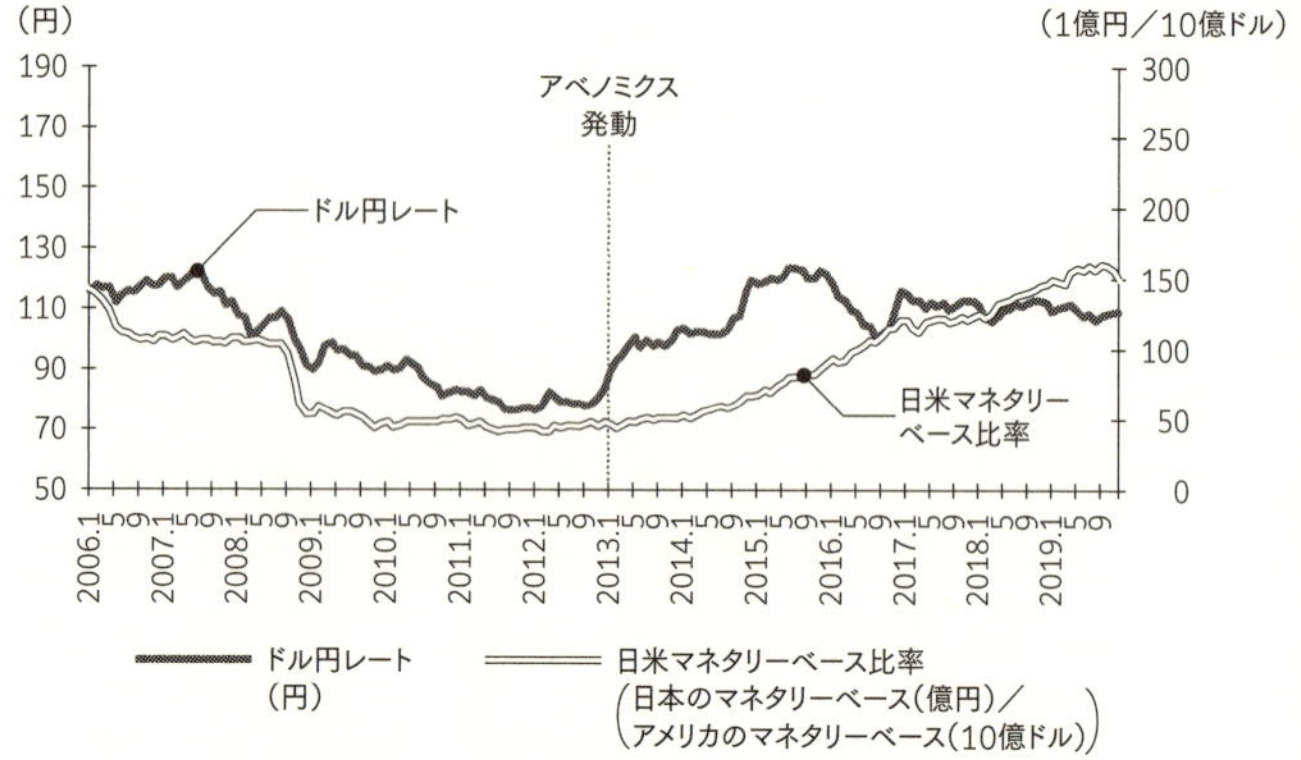

出典：FRB「Foreign Exchange Rates」・日本銀行「日本銀行関連統計」・FRB「Money Stock Measures」

図表5　日米のマネタリーベース比率とドル円レートの推移

マネタリーベース比率が低下）ことを示している。

これを見ると、多くの期間でドル円レートと日米のマネタリーベース比率が連動していることがわかるだろう。この比率に変化があったときというのは、日米のいずれか、もしくは両方の金融政策に変化があった時である。

その都度の出来事と照らし合わせながら、グラフを具体的に見ていこう。

例えば、2008年のリーマン・ショック後、米国が金融緩和によってマネタリーベースを大幅に増やしたのに対して、日本のマネタリーベースはほぼ横ばいが続いたことによって、日米のマネタリーベース比率（日本のマネタリーベース／アメリカのマネタリーベース）は急低下した。

それに伴って、ドル円レートも低下し、民主党政権下の2011年には史上最高値となる1ドル＝75円の超円高を招く結果となった。

これは、ドル円レートと日米のマネタリーベース比率が連動している、非常にわかりやすい一例といえる。

その後、2013年に第2次安倍政権が誕生し、アベノミクスによる異次元の金融緩和が始まると、日本のマネタリーベースは大幅な増加に転じる。その結果、超円高は徐々に円安へと向かっていった。2012年末から10年以上にわたり円安基調が続いていることに、日銀による金融緩和が続いていることが影響していることは明らかである。

もちろん、2016年のブレグジット、2020年のコロナ禍の発生などで、株式市場を含めた金融市場全体が大きく動く時期には、円高が進む場面もあった。ただ、2013年以降は、ドル円レートは1米ドル＝100円超の円安気味の水準で安定した推移が続いた。

▼2022年の円安の正体は日米のマネタリーベースの差

「安定した円安期」が一変するのが2022年だ。さらなる円安が大幅に進み、1月末には1ドル＝115・43円であったドル円レートが、10月には1ドル＝151円まで上昇した。これに関しては、冒頭でも触れた通り、様々なメディアや経済学者や金融市場関係者が多様な見解を述べている。

しかし、ここまで見てきた通り、円安・円高のメカニズムの本質は「両国間のマネタリーベースの比率」が表す日米の金融政策によって説明することができる。

今回の円安に関しても、2022年2月のウクライナ侵攻開始以降の世界的なインフレ圧力が高まる中で、FRBをはじめとする各国の中央銀行が金融引き締めを行う一方で、日銀はそれに追随せずに金融緩和を続けた。その結果、日米のマネタリーベース比率が上昇し、急速なドル高円安が進んだというわけだ。

▼「予想インフレ率」も為替レートに影響する

一方で、前掲した26ページの図表5を見ると、「ドル円レートと日米のマネタリーベース比率が連動する」という説が当てはまらない期間がある。こうした期間を切り取って、金融市場関係者らは「必ずしも、マネタリーベースの比率で為替レートの動きを説明することはできない」と解説している。

たしかに、短期で見ると、マネタリーベース比率と為替レートが乖離《かいり》するケースは少なくない。これは、どう考えればよいのだろうか。

マネタリーベース比率と為替レートが乖離する時期に、為替レートを動かしていたものの正体は何か？

為替レートは市場参加者の様々な思惑で動くので、マネタリーベース比率だけで説明できるほど単純ではない。

ただ、そうした期間でも、「予想インフレ率の差」がドル円に影響していた場面は多かったといえる。予想インフレ率とは、投資家や企業などが「将来、何パーセントのインフレが起こると予想しているか？」を表した数値である。

為替相場への投資は、株式投資と同様に、投資家が先の値動きを予想し、投資を行う。具体的には、投資家たちは「その後のインフレ率がどのように変動するか？」を予想しながら、為替相場への投資を行っているわけだ。

そのため、為替相場は、予想インフレ率の差の変動によって動く場合が多いのである。プロの投資家にも為替レートの予想は難しいのが現実であり、予期せぬ国際情勢の動き（リーマン・ショックやコロナ禍）によって、想定外のことが起きる。こうした場面では、予想インフレ率の変動が、実際のインフレ率の変動と乖離が生じやすくなるので、為替レートとマネタリーベース比率が連動していない期間が生じてしまう。

▼為替レートは結局「マネタリーベース」の変動が示す金融政策で決まる

また、新聞やテレビなどでは、今回の円安の要因は「日米の金利差」という話をよく耳にするが、この点について、以下で説明しよう。

為替レートが両国の金融政策によって変動するという話は先述したが、金融緩和を行う際には利下げが行われ、マネタリーベースが拡大する。一方で、金融引き締めを行う際には利上げが行われ、マネタリーベースが縮小する。

その仕組みは簡単で、金利が下がると企業や家計の借り入れコストが低下するので、貸出が増えやすくなり、いわゆる金融緩和状態となり経済活動が活発化する。同時に、マネタリーベースも拡大するわけだ。もちろん、その逆も然《しか》りである。

つまり、金利の上げ下げとマネタリーベースの縮小・拡大は、どちらも金融政策の結果であり、同様に為替レートに対して影響を及ぼすわけだ。そのため、今回の円安の要因に「日米の金利差」を挙げるのは、「金融政策が為替レートに決定的に影響する」という観点で同じことを言っているに過ぎない。

図表6（↓32ページ）は、2020年1月から2024年8月までの日米の長期金利差と為替レートの推移を示したものだ。中央銀行が金融政策によってコントロールするのは短期金利だが、多くの場合、金融政策の影響で長期金利も同じ方向に動く。急速に円安が加速した2022年以降、日米の長期金利差が大きく拡大していることが見て取れる。

ここまで見てきた通り、為替の本質というのは、マネタリーベースの比率であり、物価の相対価格の差にある。一方で、多くのメディアや一部の学者は、このたびの円安の要因に「円キャリートレード」や「デジタル赤字」などを主たる要因として説明してい

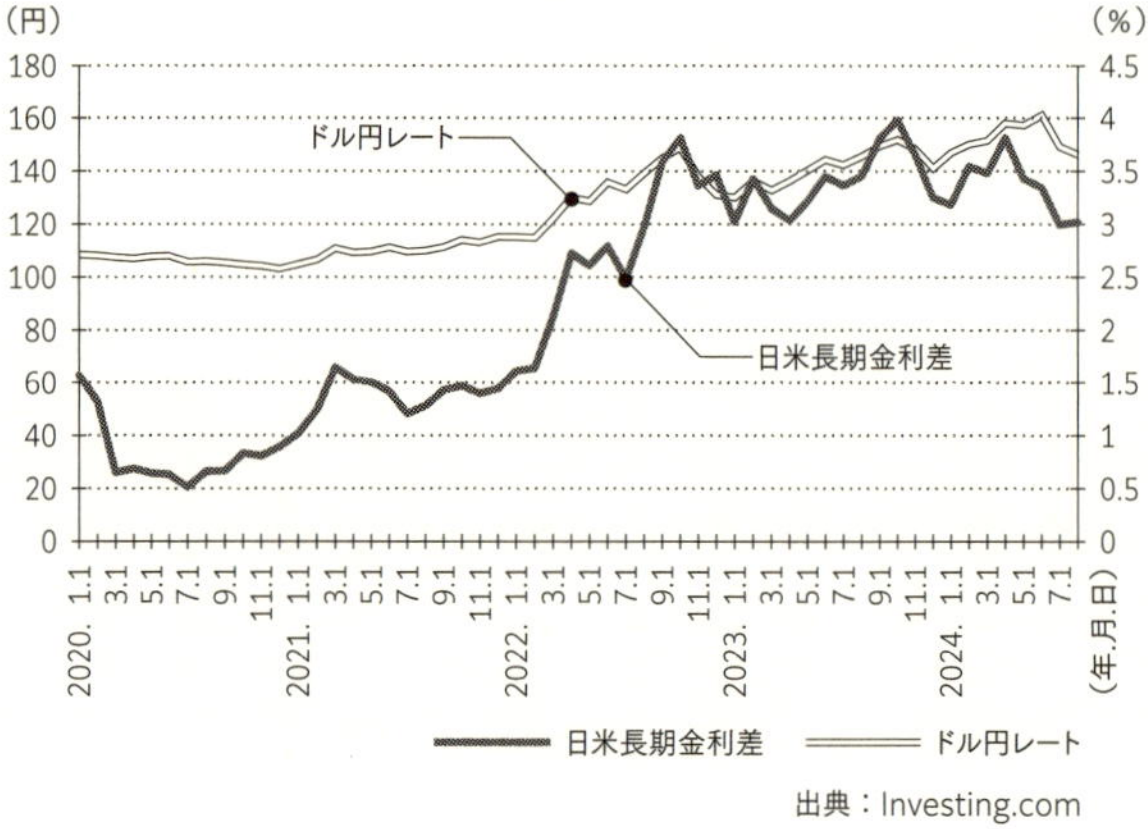

図表6　日米の長期金利差とドル円レートの推移

る。しかし、それらは、為替相場における表層的な動きを表しているに過ぎない。

長らくマーケットの最前線に関わってきた筆者からすると、こうした解説は、為替の本質を理解していない論者たちによる「どうでもいい雑音」と位置づけられる。こうした雑音に真面目《まじめ》に耳を傾けるのは、時間の無駄である。

にもかかわらず、日本では、こうした解説が一般的な見方として受け入れられている。さらに迷惑なことに、こうした解説を流布するメディアや市場関係者の多くは「円安＝悪」論者であるため、偏った主張ばかりが目立つことになり、少なくない国民が、なぜ円安が進んでいるのかについて、その本質を理解していない。

▼1990年代半ばからの苛烈《かれつ》な通貨高の教訓を生かせ

読者の中にも、いまだに「円安＝悪」を信じている人がいるならば、まず、1990年代半ばからの日本経済の長期停滞期の経緯を、思い出すべきである。

長期デフレが始まったきっかけは、1995年に1ドル＝79円台まで急速に円高が進むなど、「苛烈な通貨高」が起きたことが大きかった。

1995年時には、購買力平価と比べると実に2倍に近い超円高であり、必然的に多くの日本企業が価格競争力を失った。

当時の超円高がデフレ期待を高めたことで、その後のデフレと経済停滞を招く中で、マクロ安定化政策の失政が続いた。その結果、通貨円の価値が恒常的に割高な状況、デフレと経済停滞の負の構造が長期化する状況が2012年まで続くことになる。これが、「日本経済の失われた20年」の本質である。

この点については、次章でも詳しく解説する。

▼円安で「失われた20年」から完全に脱却できる

そうしたデフレと通貨高がもたらす低成長均衡から抜け出すために、先述したとおり第2次安倍政権誕生とともに、2013年からの日本銀行による金融緩和が実施された。いわゆる「アベノミクス」である。それによって、デフレと行きすぎた通貨高が解消され、日本経済はようやく成長軌道に戻りつつある。

「失われた20年」も含めた1990年代半ばからの30年間の日本の教訓を踏まえると、金融緩和によって円安が長期化していることはある意味当然だ。①長期の円安は脱デフレを伴う経済正常化にとって必要なプロセスであり、②円安の定着によって1980年代のように日本が他の先進国よりも経済環境がよくなる、ということである。

円安進行は円の購買力平価を低下させるが、経済正常化の最後の後押しとなり、日本企業の価格競争力を復活させ、長期的に経済成長を高める。そして、1995年から2011年までの行き過ぎた円高とデフレのダメージで、日本人が貧しくなったことと反対に、今後の円安が長引くことで、多くの日本人の生活水準を高めることになる。

▼円安への批判に対する筆者からの反論

こうした話をすると、「円安によって日本人が貧しくなる」というお決まりの批判を受ける。だが、先述した通り、こうした批判は本質ではない表面的な事象を強調しているだけだと筆者は考えている。

ここで、いくつかの批判に具体的に反論していこう。

［批判①］円安による物価高で年金生活者が貧しくなる。

年金給付水準は物価上昇率に連動しているのだから、物価高が起きても年金生活者は貧しくならない。物価変動が年金に影響するのは1年後なので、その期間生活が苦しくなるのは事実だが、それに対しては減税や給付金などの財政政策によって対応することができる。

［批判②］円安下では、海外で稼いだ企業が現地で投資を増やす。それが国内に還流し

ないのだから日本人は豊かにならない。

企業のお金の使い方は個々の企業の戦略であり、理想の姿はない。海外市場の方の成長が見込めるなら、海外投資が優先されるのは当然である。それが問題ではないし、海外での企業利益が増えれば、国内の従業員の給与を引き上げる要因になる。

また、円安が続けば日本国内で工場を建てるインセンティブは強まる。経済安全保障の観点からも円安によって工場の国内回帰の必要性が高まっており、そして円安で日本の経済成長率が高まることは変わらない。

［批判③］円安によってデジタル赤字が加速する恐れがある。

デジタル赤字とは、デジタル関連のサービスや商品を輸入する額が輸出額を上回り、収支が赤字になる状態を指すが、最近の円安とデジタル赤字の因果関係は不確かであり、筆者は「デジタル赤字」にはほとんど関心を持っていない。そもそも、「貿易赤字＝悪い」というのは経済学的には妥当ではない議論であり、「デジタル赤字」によって日本人が貧しくなっているという認識があるとすれば、間違いだ。

こうした批判は、為替の本質を理解していないからこそ生まれる「どうでもいい雑音」ともいえるので、真に受けてはいけない。

▼「安すぎる円」は日本経済の構造的な弱さのせいか？

ここでは、よくメディアで耳にする批判を3つ例に挙げたが、他にも円安に対する批判は枚挙に暇がない。

それにしても、なぜ、日本では「悪い円安論」がいまだにはびこり続けるのだろうか。そしてそれがマスコミなどにウケてしまうのだろうか。筆者からすると、苦笑せざるをえない的外れな理屈ばかりなのだが、いくつかの説を検証してみよう。

たとえば、為替市場では、2024年2月中旬から、1ドル150円付近での円安が定着しつつあった。為替市場の先行きを予見するのは実のところ難しいのだが、2022年からの円安が長期化していることが影響してか、今後も「円安が続く」との見方がメディアでは一段と増えている。

また、1ドル90円台にある購買力平価（IMF試算）との比較でみても、円は歴史的にはかなり割安になったため、「円安」は構造的な現象であり、簡単には変わらないとの見方が散見された。

「悪い円安論」を唱えるメディアは、購買力平価に比べて実勢レートが大幅に円安に傾いていることを引き合いに出して、「日本の経済力が低下している」と嘆く。

▼国内製造業が弱いから円安になるのか？

たしかに、購買力平価と比べると、2024年10月時点の円ドル相場は明らかに超円安といえる。2024年の購買力平価が約90円なのに対し、円相場は150円程度と、1・5倍以上になっている。図表7の購買力平価と円ドル相場の推移を見ても、日本は1985年以降一貫して購買力平価に対して円高だった。

しかし、だからといって「日本の経済力が低下している」と嘆くのは、お門違いも甚だしいのではないだろうか。

ある経済メディアの記事では、こう書かれていた。

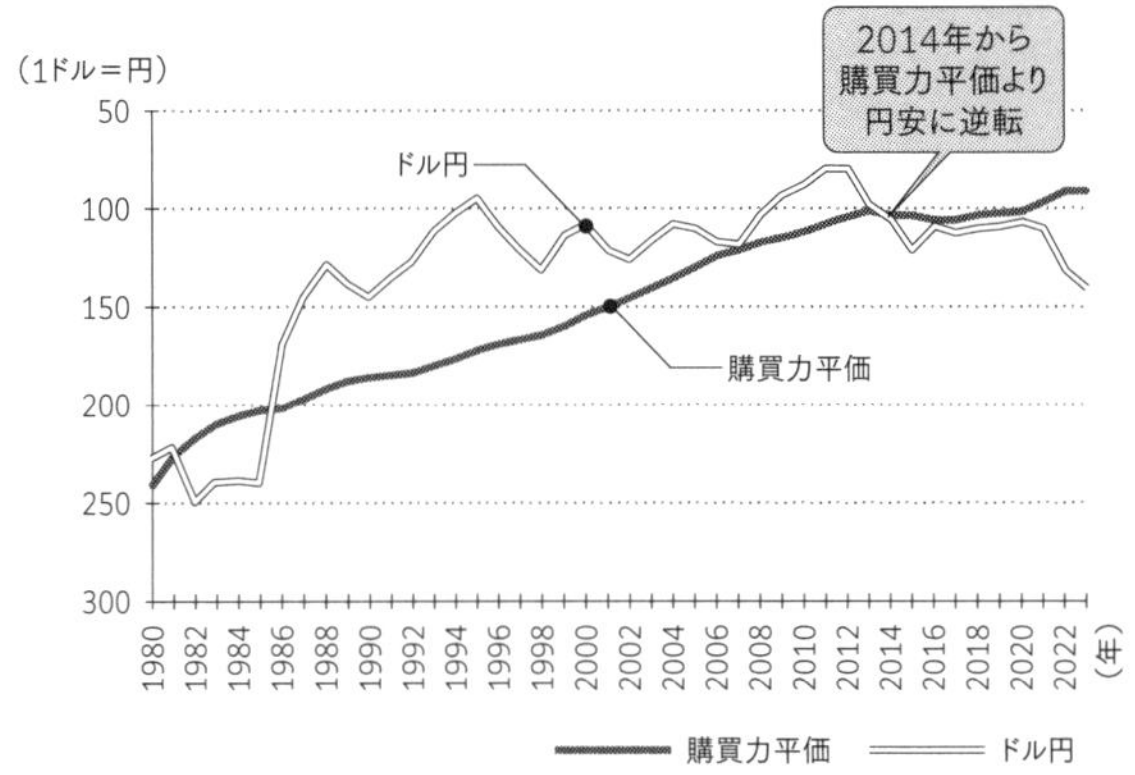

注：購買力平価は消費者物価ベース　出典：IMF

図表7　**購買力平価と円ドル相場**

「日本の為替実勢レートはずっと購買力平価に比べて円高で推移してきた。90年代はまだ国内製造業が強く貿易収支は黒字で、円高傾向だった。購買力平価より円安になるきっかけとなったのが、2013年以降の日銀の異次元緩和だ。以降、国内に付加価値の高い産業が育たず、生産性の低迷を金融緩和で支える日本経済を映している」

このように、日本の経済力が弱体化しているから円安が進んだ……といった議論がされている。

ほかにも、「ドル円相場の『絶対的購買力平価』はコロナ前の2019年が102円だったが、2023年には91円と一段と円高になっている、この購買力平価からみると円は大幅に過小評価されている」「外国為替市場では『安すぎる円』が目立った。主要通貨で下落率は最も大きくなり、購買力平価と比べた割安度合は過去最大となった」など、購買力平価よりも円安であることが悪いことであるという、一面的な視点の立場で日本のメディアでは書かれている。

しかし、こうした意見の多くは、「飛躍した残念な議論」であるようにしか、筆者にはみえない。

本章で繰り返し解説している通り、為替レートを決めているのは金融政策だ。為替レートは二国間の金融政策がまず先にあって、日本銀行による異次元の金融緩和で日本人のインフレ期待が高まる。インフレ期待が上がるということは、将来物価が上昇すると多くの人が予想するようになるということだが、これは同時に貨幣価値が下がることが予想されるということでもある。

貨幣価値が下がることと、通貨円の価値が下がることは等しい。つまり、デフレから脱却すると多くの人が予想すれば、おのずと円安が進むわけで、インフレが高まり過ぎない限り、円安が続くことは日本経済にとってむしろよいことなのだ。

それにもかかわらず、「円安がけしからん」と主張する人は、日本がデフレから脱する動きも同様に「けしからん」と言っていることになる。そのことに気づいていないのだろうか。円安が日本円の対外的な購買力が低下するという現象だけを切り出して、「けしからん」という議論は、視野が狭い偏った見方である。

円安を批判する議論の中に、国内製造業が弱体化しているとか、生産性の低迷を金融緩和で支えていることが問題などの主張も聞かれるが、それは日本で起きている円安が問題であるという理由になっていない。

2022年以降の円安局面で、経済メディアでは円安を巡り、的外れな議論がますます増えており、大手経済メディアの品質は低下する一方だと筆者は感じている。

▼購買力平価は為替予想値にはなりえない

購買力平価は、ドル円など水準を考える上で参考になる指標で、かつインフレ率格差という通貨価値の本質を表すという意味でも重要な指標である。

繰り返しになるが、2024年10月時点の為替水準は、外国から日本のモノやサービスを見たとき、かなり割安であることは間違いない。購買力平価と比べると1ドル＝150円は約50％も割安であり、1970年代半ば以降で、現在が最も円安が進んでいると位置づけられる。ということは、足元で円は歴史的に割安な水準にあるため、仮にドル安が始まれば、急ピッチに円高に転じうるということである。

しかし、購買力平価は、「理論値の1つ」であり、半年先の為替予想の論拠としては事実上、ほぼ使えない。それにもかかわらず、円安批判に関する議論の多くは、購買力平価を短期の為替予想の論拠としているものが散見される。このようないい加減な姿勢からも、現在のメディアの凋落が伺える。

▼購買力平価で円高の時代が日本の暗黒時代だった

歴史を振り返ると、日本においては、購買力平価対比では円高の時代がかなり長く続いた。1995年には4月に1ドル＝79円75銭まで円高が進んだが、当時の購買力平価では1ドル＝約170円だったので、円は実に2倍以上も通貨高だった。

つまり、このときは、方向性は真逆だが、現在の「円安度合い」よりも、極端な「超円高」だったことになる。購買力平価対比の円高は1995年をピークに、1986年～2012年の30年弱続いた。この長期の円高が解消され、購買力平価対比での円安が定着するのは、アベノミクスによる金融緩和強化が始動した2013年以降である。

実は、1990年代半ばから2012年までの購買力平価対比で円高だった時期は、日本のデフレ時代と重なっている。このため、日銀の金融緩和が不十分だったことが、当時の円高が続いた主たる要因だったと筆者は考えている。

日銀がインフレ目標を明示せず、事実上の「ゼロインフレ誘導」政策を続けた結果、人々のデフレ予想が支配的になり、為替市場では円高が永続するかのような雰囲気すらあった。行き過ぎた円高がさらなるデフレ圧力を強めて、経済を一段と停滞させる悪循環が、1990年代半ばから日本経済では続いていたのである。

2012年の第2次安倍政権誕生を機に、アベノミクスがスタートし、日銀に「2％物価目標」が課されたことなどで、日銀の金融政策姿勢への信認が高まった。長きにわたる行き過ぎた円高が解消され、それとともに「デフレではない経済状況」がようやく実現しつつあるということだ。

このため、2022年からの日銀による金融緩和徹底による円安進行は、脱デフレの最後の一押しとなるプラスの側面が大きいと筆者は考えている。デフレと経済低迷が20年以上続いたことを踏まえると、デフレから完全に脱却するために、日銀による金融緩和が長期化するのはやむをえないと言える。

▼アベノミクスの効果が賃金まで波及してきた矢先の利上げは愚策

アベノミクスによる金融緩和の効果は図表8の通り、次々と連鎖・波及して景気や雇用の回復へとつながっていった。経済はデフレからインフレに、為替は円高から円安に転じ、企業の売上高は増加し、企業の価値である株価も上昇した。さらに、企業の業績が回復し、株価が上がったことで、消費も増えていった。

先述した通り、アベノミクスに対しては、物価上昇に対して賃金が上がらなかったことを根拠に失敗という烙印を押す識者も少なくないが、2024年の春闘では賃上げ率

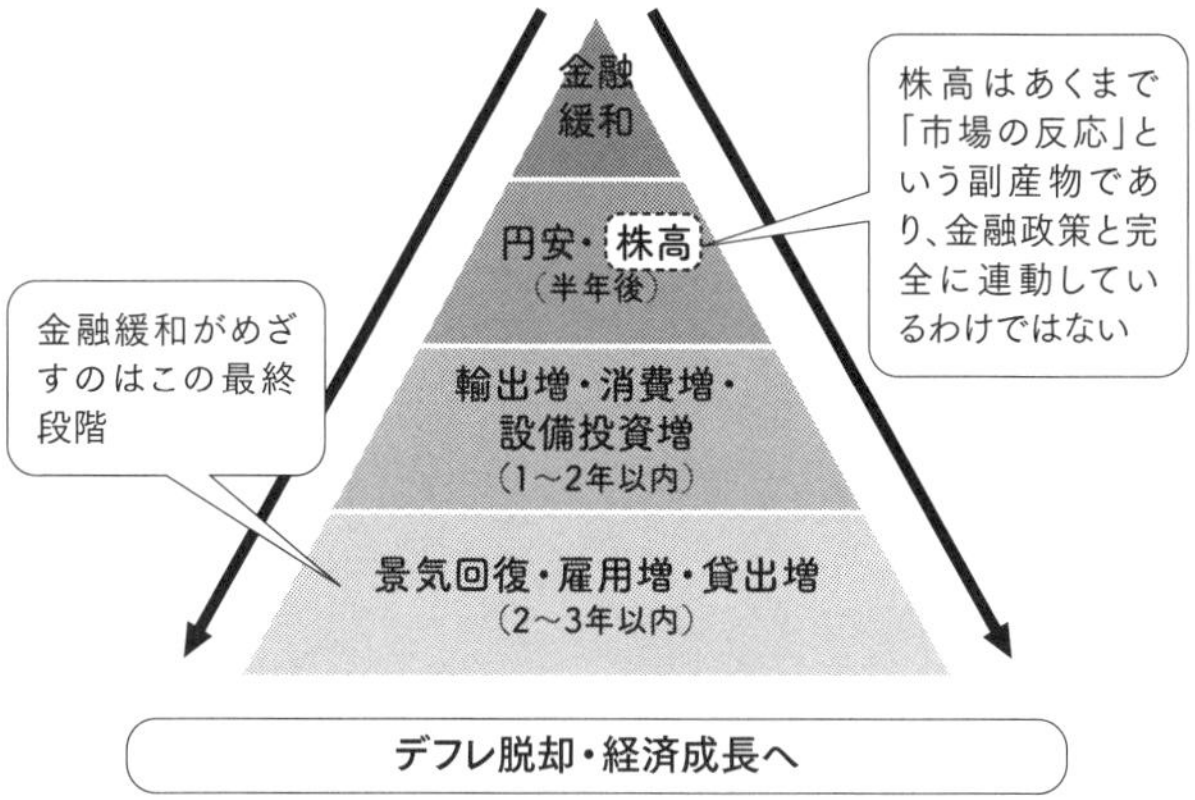

図表8　金融緩和がもたらす影響

が１９９１年以来、33年ぶりとなる５％台に到達し、とうとう日本経済は長いデフレ不況のトンネルを抜けつつあったのだ。10年かけて、ようやくアベノミクスの効果が結実しつつあったのである。

しかし、その矢先に、日銀の植田総裁は、２０２４年７月31日の金融政策決定会合後の記者会見で、追加利上げしていく方針を示した。つまり、これまでの金融緩和路線から一転して、金融引き締めを強める姿勢を明確に示した。

２０２３年４月に就任した植田総裁は、黒田前総裁の政策姿勢のかなりの部分を引き継ぎ、「アベノミクスの継続」である拡張的なマクロ安定化政策を継続してきた。しかし、7月の記者会見を経て、筆者は植田総裁が黒田路線からの転換を決断したことを悟った。

今後、円安を理由に日銀が引き締め政策をさらに強めることになれば、経済活動やインフレは不安定化し、ようやく始まりつつあった物価と賃金の好循環が逆回転しかねないのではないかと懸念される。

さて、ここまで読んできた読者はここで疑問に思うだろう。「なぜ、わざわざ日銀はそのようなことをするのか?」と。それを理解するためには、かつて「デフレの番人」と国内外から揶揄されていた日銀の論理を理解する必要がある。

第2章では、この点について詳しく語っていこう。

第2章

日銀が犯した歴史的な大失政

▼2024年8月5日のマーケット急落は日銀の失態

日本株市場においては2024年7月11日にTOPIX（東証株価指数）、日経平均株価がともに最高値を更新した。だが、その後は下落基調に転じ、8月2日には1月以来の水準まで急落し、8月5日には7月末の3万9101円から3万1458円と、わずか3営業日で7000円超の大暴落となった。

特に5日の下落幅は4451円となり、1日の下落幅としては過去最大、下落率では1987年のブラックマンデー以来、史上二番目を記録した。

2024年に入ってから特に、米国経済の先行き懸念（＝米国株の不安定な動き）の影響を受け、日本株の値動きが粗くなっていたのは確かだが、史上二番目の下落の一因となったのは、間違いなく、日本銀行（＝日銀）が7月31日に追加利上げを発表したことによるものだ。

筆者は日銀が7月末の会合で利上げを行ったことは時期尚早であり、政策判断として妥当ではなかったと考えている。

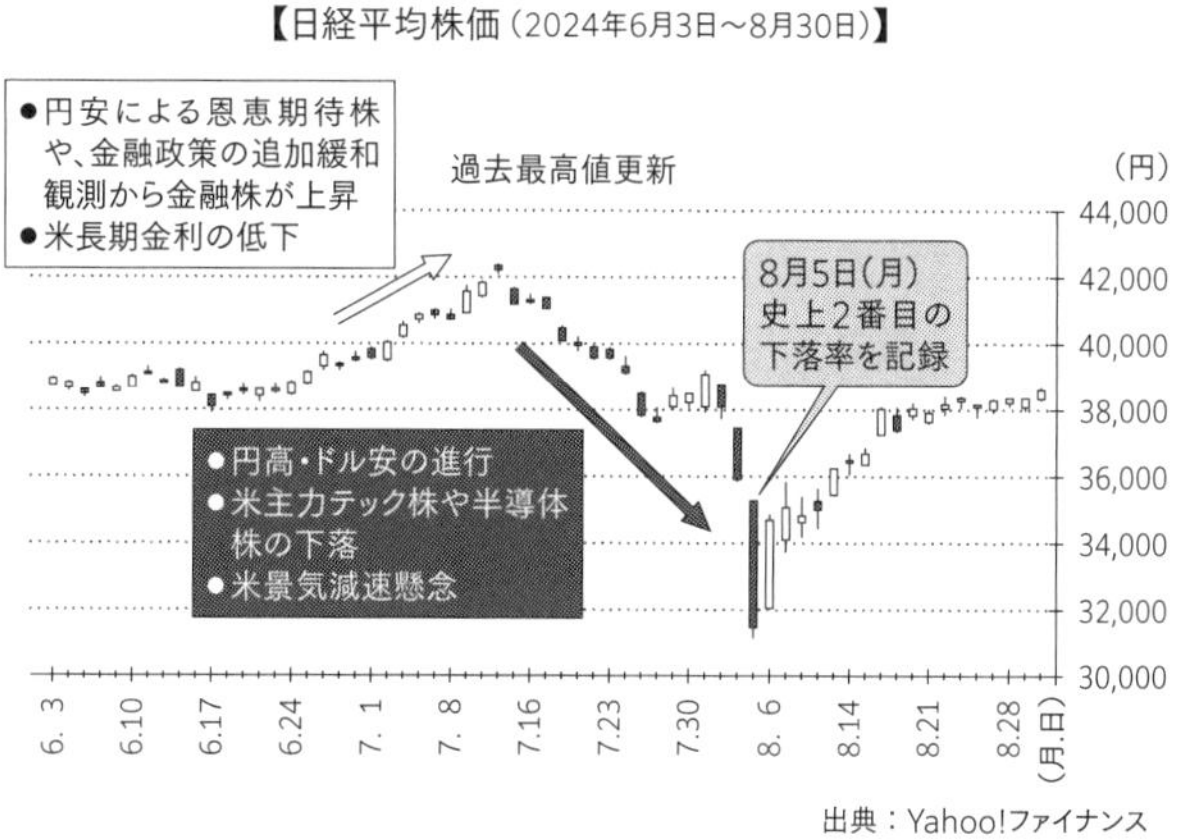

図表9　2024年、乱高下した日経平均株価

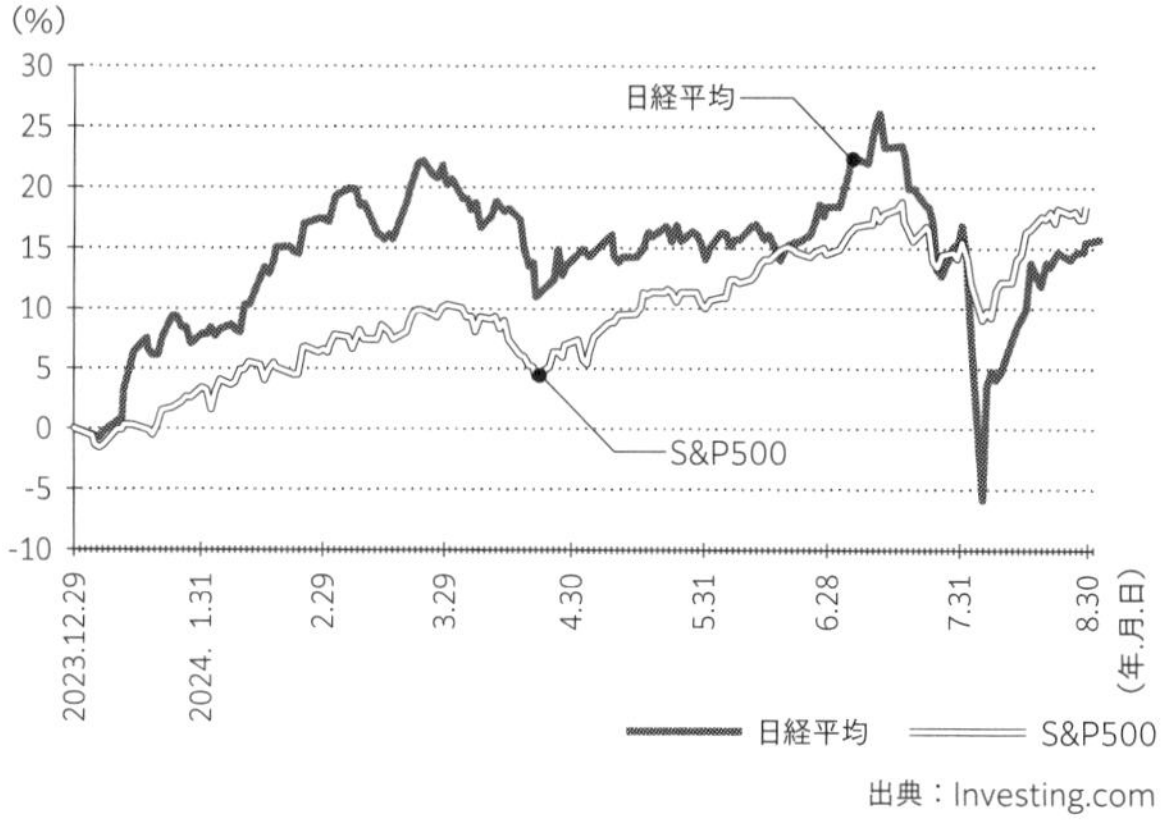

図表10　S&P500の年初来リターンが日経平均を上回る

日銀の政策判断が与えた株価への影響は甚大だった。

2024年7月前半までの年初来リターンでみると、日本株（TOPIX）は米国株（S&P500種指数）を上回っていた。

だが、その後の急落で8月2日時点では日本株が約＋7％となり、米国株（約＋12％）を下回った。それまで順調に推移しており、多くの外国人投資家の期待を集めていた日本株市場に一気に失望が広がってしまったのだ。

これは日銀の性急な政策ミスが招いた出来事として、後世に残るかもしれない。

▼「行き過ぎた円安」という思い込みが招いた不祥事

なぜ、日銀の利上げが時期尚早といえるのか、もう少し詳しく見てみよう。

そもそも、事の発端は当局による「行き過ぎた円安」を是正するという妥当ではない政策が背景にある。

ドル円市場は、5月以降ジリジリと円安基調を続け、7月10日には161・78円で引けている。その流れを反転させたのは、7月11日と12日に行われた通貨当局による自国

【ドル・円相場（2024年6月3日〜8月29日）】

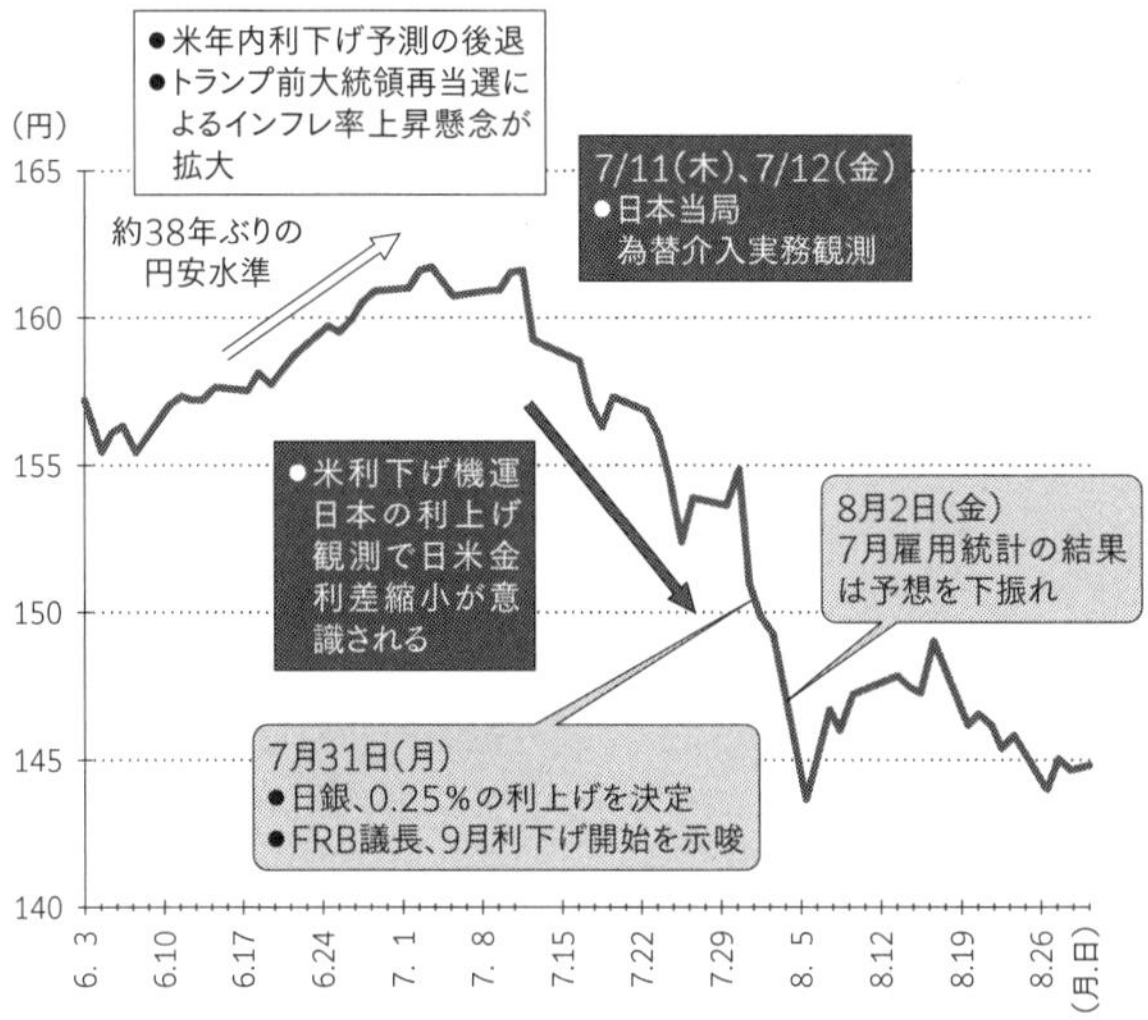

出典：日本銀行「外国為替相場状況」

図表11　2024年の大暴落に伴うドル円相場の動き

通貨買い介入だ。

2日間で5兆5348億円の資金が投入され、ドル円相場は1ドル＝161円台から157円台まで約4円円高が進んだ。その後、日銀が7月末の金融政策決定会合で利上げに踏み切るのではないかという思惑がくすぶる中で、ドル円が153円前後で7月31日を迎えた。そして31日には日銀が政策金利を0・25％程度に引き上げるという追加の利上げを決定。

2023年半ばから日本の経済成長は実際のところ、ほぼゼロ成長にブレーキがかかっていた中で、3月に続き、追加利上げに踏み出したことは筆者には正直理解しかねる対応だ。日本の経済政策が一気に引き締め方向に転じたことで、為替相場は円高に反転、日本株市場への期待も大きく低下させることになった。

日銀は、経済メディアが報じる「悪い円安」などの偏向した報道を過度に気にしたあげく、日本の政策当局者が円安を無理やり止めようとしている雰囲気にのまれてしまったのだろうか。

仮に、岸田政権が円安是正のために、日銀に追加利上げを要求していたとすれば、誤っ

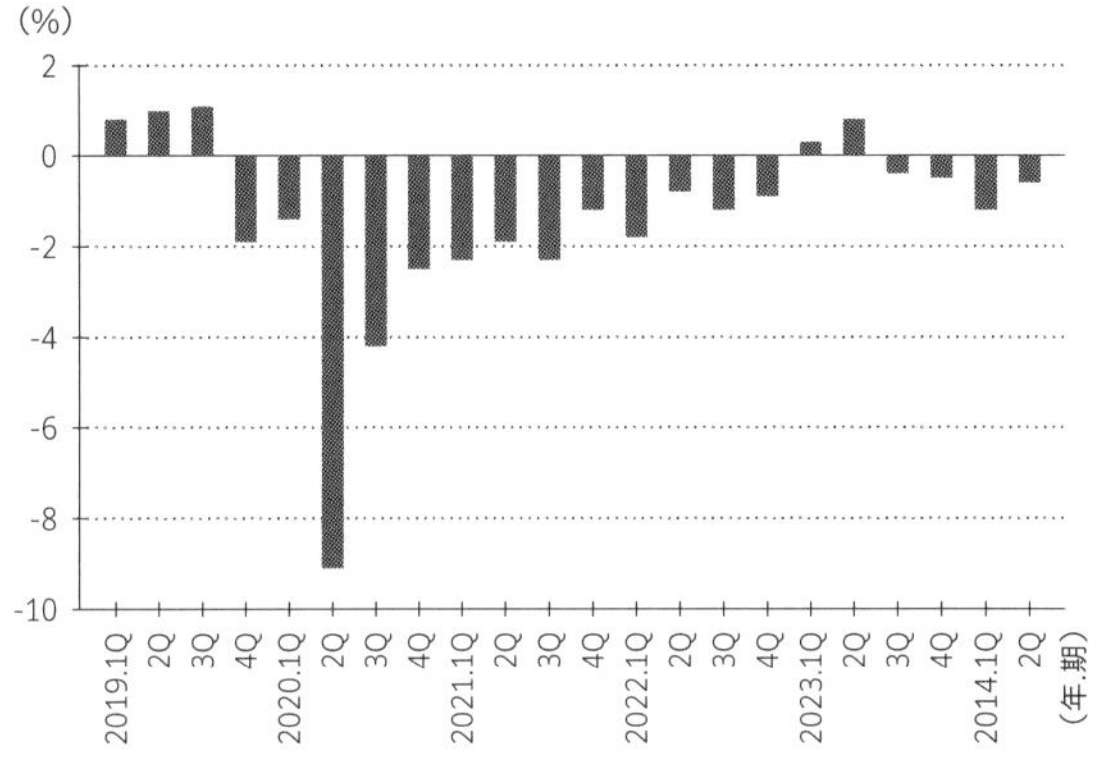

出典：内閣府「月例経済報告」

図表12　日本の需給ギャップ（2019〜2024年）

た政策判断をしてしまったことになる。

▼需給ギャップが示す「デフレ脱却」を完了していない現状

第1章でも触れたが、日本経済はアベノミクスが発動して10年が経過してから、ついに脱デフレの完全実現に向かっているまさに途上なのである。

日銀が物価の基調を判断するうえで、消費者物価指数などと並んで政策判断に使用しているのが「需給ギャップ」だ。日本経済の需要と供給力の差を示す指標だが、2024年4－6月期時点では、4四半期連続マイナスとなっている。

需給ギャップは、労働や設備といった潜在的な供給力と、個人消費や設備投資などを積み上げた総需要との差を示すものである。需要に対し供給が多すぎれば、いわば「デフレ」、需要過多であれば「インフレ」状態といえる。

この数値には推計誤差があるので、需給ギャップが明確にプラスに転じることが、断続的に利上げを行う最低限の条件だと筆者は考えている。2024年になってから、植田総裁などからはこの需給ギャップという言葉は、ほとんど聞かれなくなってしまったのだが、その理由は定かではない。

▼利上げによる円高・株安で好転に水を差された

日本の経済成長率は2023年後半から停滞しており、なかなか好転しない状況だ。日本の個人消費は2023年半ばから全く伸びておらず、個人消費が2%を超えるペースで増えているアメリカとは対照的だ。

日本では、名目賃金の伸びがインフレ率ほど高まらず、実質賃金が26カ月連続マイナスと抑制されたままだったので、個人消費が増えないのはやむをえない。

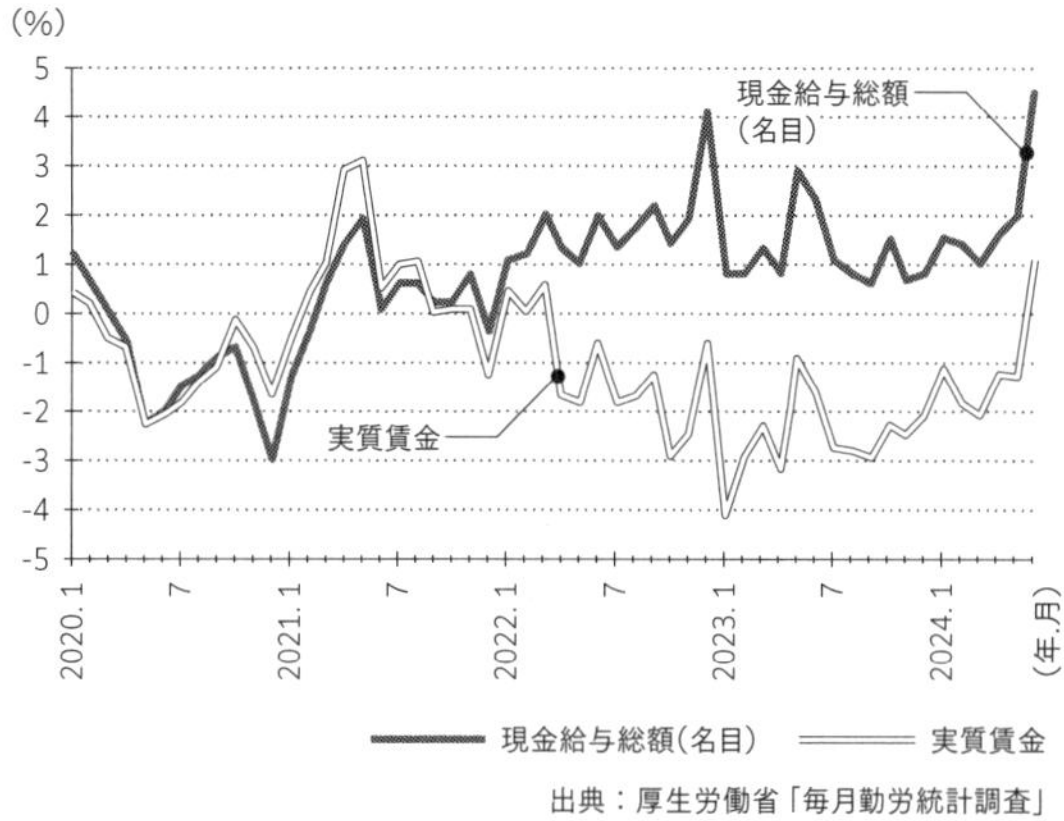

図表13　マイナスが続く日本の実質賃金（前年同月比）

だが、2024年度の春闘におけるベースアップは大企業を中心に3%台半ばを実現しており、6月の毎月勤労統計で実質賃金は27カ月ぶりにプラスとなった。それでも、所定内賃金は前年当月比+2・3%、消費者物価（持ち家の帰属家賃を除く総合）の同+3・3%を下回った。7月以降は、実質賃金がようやくプラスに転じており、賃上げが消費支出を支えるメカニズムがやっと働き始めている。

さらに、6月から家計の可処分所得を増やす定額減税が約3・3兆円の規模で行われた（これは可処分所得の約1%に相当する）。実質賃金の上昇とあいまって、2024年後半から個人消費は回復に転じるが、それが始まるのを見定めて、追加利上げを検討するのが望ましかったはずだ。

実質賃金の水準は2024年まで下落していたため、その下落分を取り戻すにはもう少し時間が必要である。実質賃金が上昇するという経験を経なければ、家計が財布の紐《ひも》を緩めるのは難しい。

それが起こる前に、先に説明したように「時期尚早」な利上げによって、円高や株安が起きてしまったので、好転し始めた物価、賃金の上昇にブレーキがかかってしまうことが懸念される。

▼せっかくの追い風を自ら止める最悪のシナリオが懸念される

大幅な円安が日本経済の成長を後押しするのは間違いなかった。円安という追い風が、2023年以来の日本株の上昇を牽引《けんいん》していたが、自らこの追い風を止める対応に転じているのだから、日本株が下落するのはやむをえない。

2024年になってからの日銀と通貨当局の対応をみると、コロナ禍後に低成長とデフレリスクに直面している中国と同じように、日本の経済政策が機能不全に陥りつつあるようにみえる。

その帰結は、日本経済の停滞が長期化、年率2％のインフレ安定と経済正常化に失敗する「最悪のシナリオ」である。

アベノミクスが発動された2012年以前の悪夢の時代の再来というリスクが日本の株式市場で少しでも意識されるだけで、日本株市場は歴史的な下落が起きる。金融市場のこうしたメッセージを、われわれ国民そして政治家は真剣に聞いた方がいい。

▼再び繰り返される日銀の悪夢が蘇《よみがえ》る

この一連の顛末《てんまつ》を見るに、過去から何度となく味わってきた日銀による時期尚早な利上げなどの政策ミスへの不信感を再度、思い起こさずにはいられない。

1990年代半ばから、日本だけがデフレを伴う、まれにみる低成長に陥ったのは周知の事実である。その後のリーマン・ショック時の日銀の金融緩和が不十分だったことこそ、失われた20年を長引かせる大きな要因となった。

インフレの制御は中央銀行の責任によって行われるのは世界の常識であるが、先進各国の中で唯一デフレが起きたのは日本だけなのだから、それは日銀の政策運営によって起きた……と考えるのが、標準的な経済学を理解していれば、当然の帰結である。

過去の日銀の失政を正すべく始まったアベノミクスが、今、10年の歳月をかけて帰結しようかというのが現在地であるが、時期尚早な利上げの失敗が再び繰り返されかねない。

過去の政策判断ミスを教訓としない当局者や政治家、経済学者などの意向が優先され、マクロ安定化政策が再び緊縮方向に軸足を向けつつある兆候が見え隠れするのだ。

▼日銀が犯した政策ミスの歴史

1990年代半ばから日本で起きたデフレの長期化は、通貨価値の行きすぎた上昇（＝大幅な円高）を伴っていた。以下に1989年のバブル崩壊から95年にかけて、日銀が犯した数々の政策ミスを振り返ってみたい。

1989年、日本は円安局面を迎えていた。アメリカでは、1988年半ばから消費者物価の上昇などが続き、アメリカの中央銀行にあたるＦＲＢ（連邦準備制度理事会）は、インフレ懸念を押さえるべく金融引き締め政策を実施。その結果、日米ベースマネー比率が上昇し、円安傾向となったのだ。かくして、日本経済は５％の高い経済成長、日本企業等の外国への積極投資、円安などが相まって空前の好景気となっていた。

１９８７年あたりから土地・株式市場のブームにより行き過ぎた地価の高騰などが起き、日銀が本来ならば、軽いブレーキ程度の金融引き締めを行うべきタイミングではあった。しかし、日銀は利上げになかなか踏み出さず、時間だけが過ぎ、ファインチューニングとしての利上げが遅れてしまう第一の政策ミスを犯した。

１９８９年12月に日銀総裁が三重野康氏になると、これまでの遅れを取り戻すべく、日銀は猛烈な金融引き締め政策に入った。

その結果、日銀による金融引き締め、銀行による不動産担保融資への規制強化と重なって、１９９０年初頭から株式市場が大暴落する引き金となった。

さらに日銀はその後半年もの間、強烈な金融引き締めを続け、政策は結果としてバブルの息の根を止める「劇薬」と化してしまったのである。当時の日銀は、「バブル退治」

が世論から喝采《かっさい》されたことに気をよくしてしまい、政策当局者として冷静な対応ができず第二の失政を犯したことになる。

バブル崩壊後、日銀がようやく金融緩和に転じたのは、1991年半ばから約1年後の92年夏のことだった。ここでいったん、株式市場も下げ止まりを見せた（図表14）。しかし、「時、既に遅し」。日米マネタリーベース比率の低下が続き、ドル円相場はまたもや円高局面に入ってしまっていた。バブル崩壊で、それまで活発だった日本の対外投資も激減し、ドル売り円買いの動きがさらに加速した。

かくして、日本では、経済の長期低迷とともに、行き過ぎた円高との二重苦にあえぎ続ける時代が幕を開けたのである。この時、「失われた20年」という長いトンネルが待っていようとは、日銀幹部を含め誰もが思わなかったことだろう。

▼バブル崩壊後の足を引っ張った「円高シンドローム」

1994年に入ってアメリカ経済がようやく復調に転じたことから、FRBは引き締め策に転じた。その結果、日米金利差が拡大し、円安傾向になってもよかったはずであ

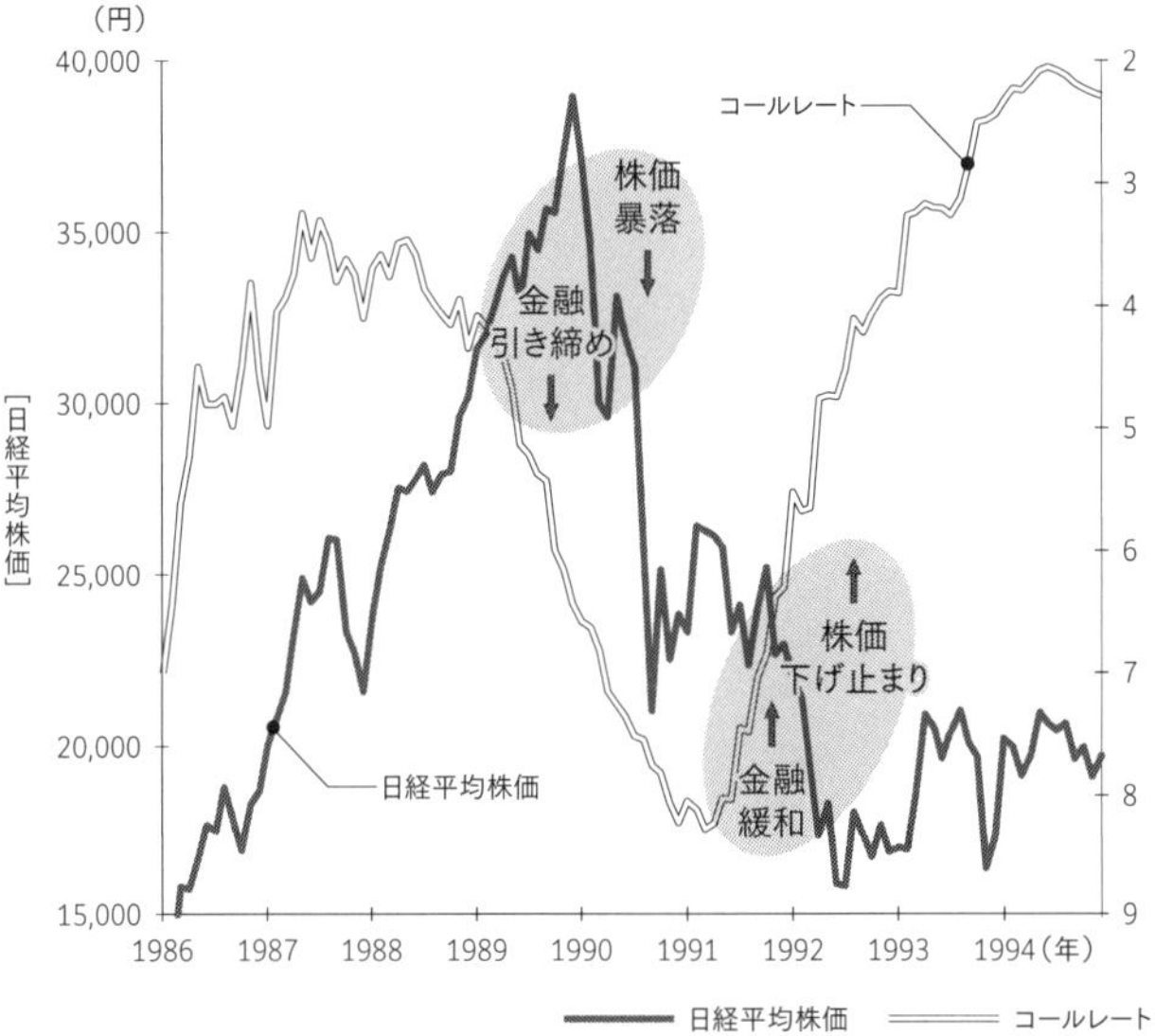

出典：日本銀行時系列統計データ検索サイト・Investing.com

図表14　株価と金融政策――バブル崩壊と下げ止まり

る。しかし、実際には1994年半ばからの約1年間は、FRBが利上げ（＝金融引き締め）を続けたにもかかわらず、円高が一段と進んだ。

ここで問題となるのが、ドル安を要求する米政権の政治的な圧力によって不合理に円高が進む、「円高シンドローム」と呼ばれる状況である。いわゆる1985年の「プラザ合意」に代表されるアメリカのドル安政策が典型的な例である。

当時のクリントン政権は、日本の対米貿易黒字の大きさを槍玉《やりだま》にあげ、自動車・家電などの輸出産業に対する制裁発動といった、市場メカニズムや経済合理性を度外視する対日政策を打ち出していた。

第1章から繰り返し述べているように、本来、円ドル相場を左右するのはアメリカと日本の金融政策のスタンスの違い、つまり日米マネタリーベース比率だ。しかし、特に1986年9月から1995年4月あたりまでのアメリカと日本の間には、半ば固定相場制度のような状況を生み出す「政治的な円高圧力」があった。

筆者もよく覚えているが、この当時、円ドル相場を動かす材料は、日米の金融政策ではなく、日本やアメリカの貿易収支の動向だった。日本の貿易黒字が増えると、日本か

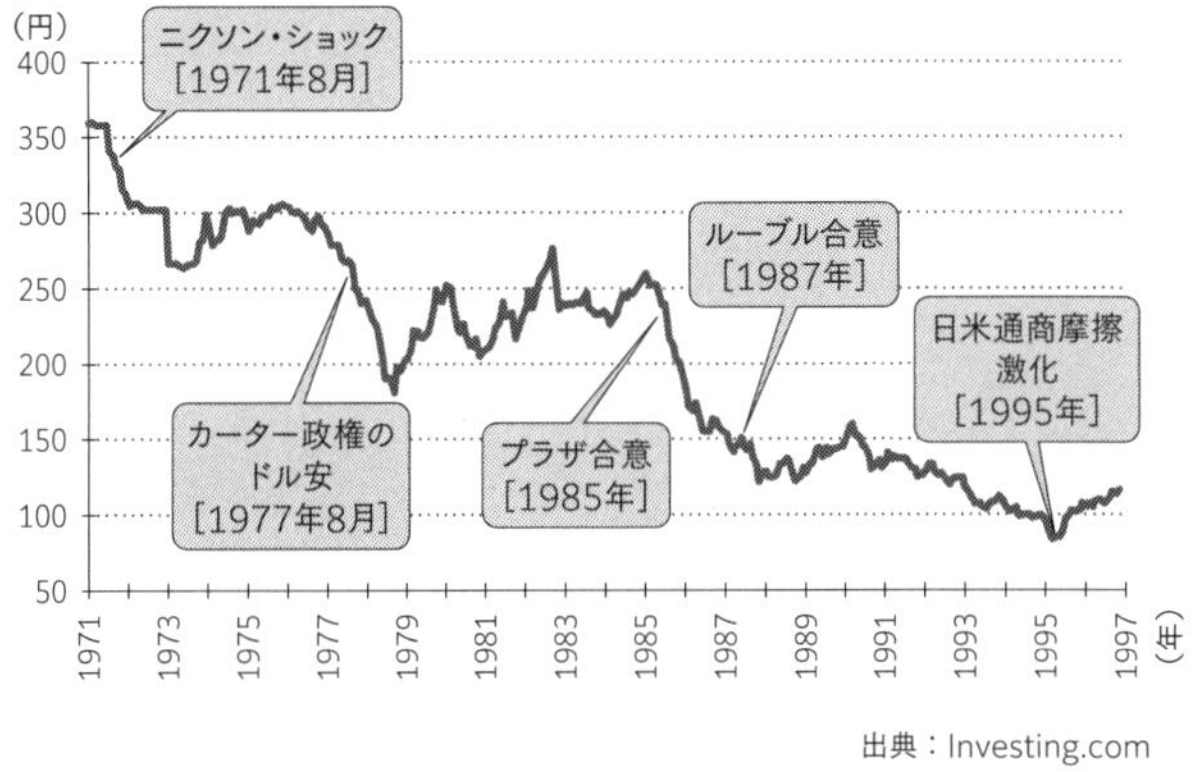

図15　長期円高トレンドとアメリカの政治動向

らみると円高方向への圧力が高まるというものだった。

市場関係者がそういった思惑を抱くことで、実際に、円高が自己実現的に形成されていたのだ。これが「円高シンドローム」である。

図表15では、1970年から90年代半ばのドル円の推移を示しているが、米国の政治動向が起点となり、円高が進んでいたことがわかる。

▼経済安定化政策を放棄した日銀

この仮説が正しいとすれば、それは何を意味するのだろうか。

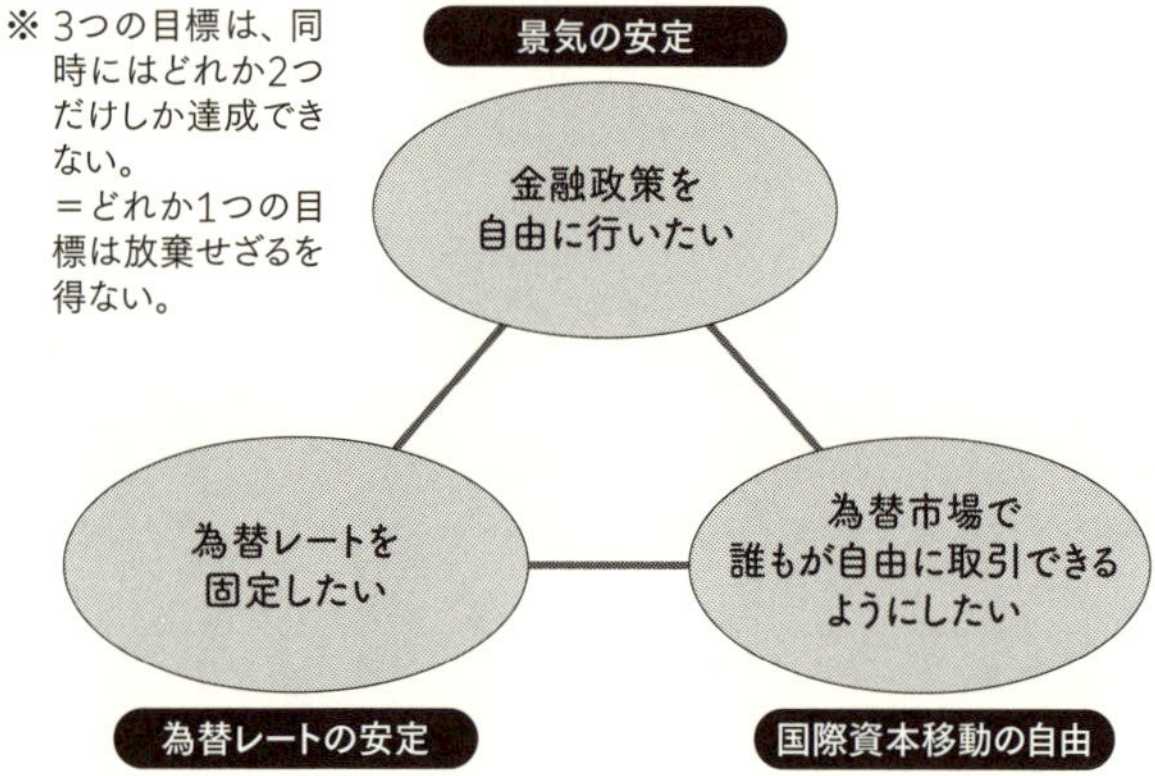

図表16　国際金融のトレリンマ（三角関係）

実は、当時の日本政府や日銀が、経済安定化政策を自ら放棄していたということなのである。この当時、円ドル相場は、アメリカの政治への思惑に振り回されて決まっていたことになる。

表面上は、当時の円高は、米国の政治的意向によって起きたように見えるが、深く考えれば、当時の金融緩和が不十分となり、経済安定化政策を自ら放棄したことで起きてしまったというのが真相である。

つまり、日銀の失政によって、当時行き過ぎた円高という大問題が起きてしまったのである。

それを考えるにあたって確認したいのが、

「国際金融のトリレンマ（三角関係）」だ。国際金融のトリレンマ（三角関係）とは、為替の変動を市場に任せる変動相場制下においては、次の3つを同時に満たすことはできないという法則である（図表16）。

①「金融政策を自由に行いたい＝景気の安定」
②「為替市場で誰もが自由に取引できるようにしたい＝国際資本移動の自由」
③「為替レートを固定したい＝為替レートの安定」

まず「国際資本移動の自由」は金融機関、企業、個人が外貨建て資産などに自由に投資できなくなることを意味する。市場経済による経済成長が大前提の世界に生きる日本にとってはありえないことだ。

そうなると、日本政府と日銀は「景気の安定」を取るか、「為替レートの安定」を取るかの二者択一となる。そこで、アメリカからの強いドル安誘導を強要されていた政府と日銀は、「景気の安定」を選択肢から外すという、間違った決断をしていたわけだ。

本来であれば、バブルが崩壊して景気が急激に冷え込んだ段階で、いち早く金融緩和強化を徹底して円安方向に誘導することで、日本企業の復活、ひいては日本経済の再生への道程が作れたはずなのである。

実際に、株価は下げ止まりを見せていたタイミングだ。

それなのに、日銀は金融緩和政策を十分行わず、事実上「円高を継続させるため」の金融引き締め的な政策を当時続けていたことになる。そして、バブル崩壊後に大きな痛手を受けた日本経済全体を必要以上に痛めつけてしまったのである。

日銀はバブル崩壊以降、日本経済再生に繋《つな》がる仕事を全くできていなかったといえる。もっとキツい言い方をすれば、日本の景気を悪化させる方向へ、方向へと舵《かじ》をとっていったのである。バブル崩壊とそれ以降の経済停滞は、当時の日銀の失政によって起きた人災なのである。

▼15年後に再び起きた日銀の失政

15年の月日が経ち、2006年から翌年にかけて、それまでの日銀の量的緩和の効果

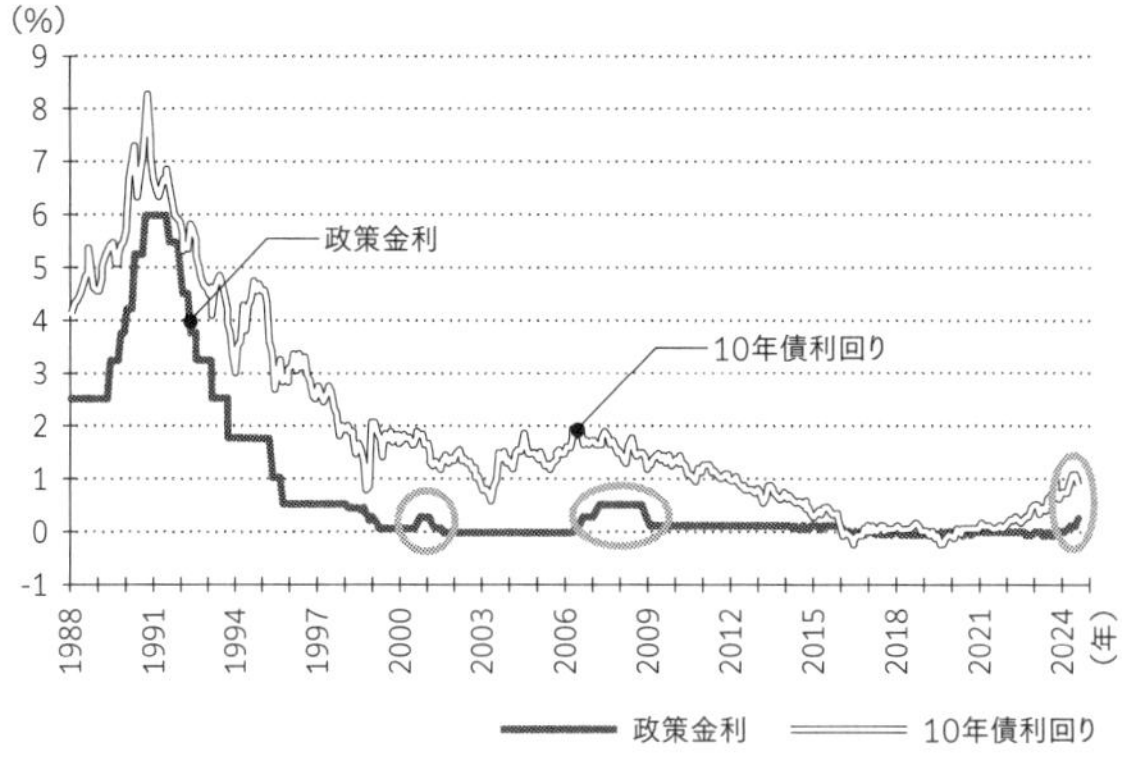

出典：日本銀行関連統計・日本銀行時系列統計データ検索サイト・Investing.com

図表17　10年債利回りと政策金利

が表れ、かつ世界経済回復にも助けられ、日本経済はデフレから脱却する一歩手前まで来ていた。ドル円相場も日米金利差の上昇で2005年から円安基調で推移し、日本経済復活の後押しをしていた。

そんな最中の2006年3月、日銀は「量的緩和の解除」（＝量的緩和政策の中止）、そして「ゼロ金利政策の解除」を始めてしまったのである。すると、「日米金利差が拡大することで円安が続く」という市場の期待は裏切られたことになり、当然、日米相場も円高へと傾いていった。

日銀はさらに2006年7月と2007年2月の2回にわたって政策金利を引き上

げるなど、金融引き締め政策を本格化させたのだ。

インフレ率がゼロパーセント程度という事実上のデフレが続いていたなかでの利上げは、日本経済の復活を阻害する政策対応だった。

あとで総括するが、とにかく、バブル崩壊以降の日銀は、隙《すき》あらば「金利のある世界」に舞い戻ろうとする、言ってしまえばやや宗教じみた粘着質な体質を持っている。この前にも1度、日銀は2000年に1度、金利引き上げを決行している。そのため、2024年の今回は「三度目の正直」が成功するかどうかということになる。

▼早すぎた日銀の利上げにリーマン・ショックが追い打ちをかける

そんななか、為替市場以外のところで、世界経済を揺るがす大きな問題が起こった。

アメリカのサブプライムローンに端を発し、2008年9月に起きたのが、米大手投資銀行リーマン・ブラザーズの破綻劇《はたんげき》だった。

いわゆる「リーマン・ショック」の勃発《ぼっぱつ》である。

米英の大手金融機関の保有資産の劣化が懸念され、株式が大規模に売られた。アメリカ金融当局は、リーマン・ブラザーズの救済策を実現できず、同社は経営破綻した。結果、アメリカのダウ平均株価は約1カ月半で30％暴落。日経平均株価も41・3％暴落した。

当時、日本経済は日銀による早すぎる金融引き締め政策によって、またしても、脱デフレ・経済正常化への道筋が閉ざされかかっていた。そこに、リーマン・ショックの勃発である。崖から突き落とされたように奈落の底に落ちていったのである。

為替相場もリーマン・ショック後の各国の金融政策の影響をモロに受けた。具体的には、米FRBが大きくマネタリーベースを拡大させる一方、日銀はあまりベースマネーを拡大させなかったため、日米マネタリーベース格差が大きく拡がった。こうして、歴史的ともいえるスピードで円高が日本経済に襲来したのだ。

超円高に見舞われた日本経済は、リーマン・ショックに歴史的円高が追い打ちをかけ、再び「デフレスパイラル」へと陥っていったのである。

▼各中央銀行の打ち手から単独で遅れる日銀

リーマン・ショックという戦後最大規模の経済混乱に見舞われた各国政府・当局の対

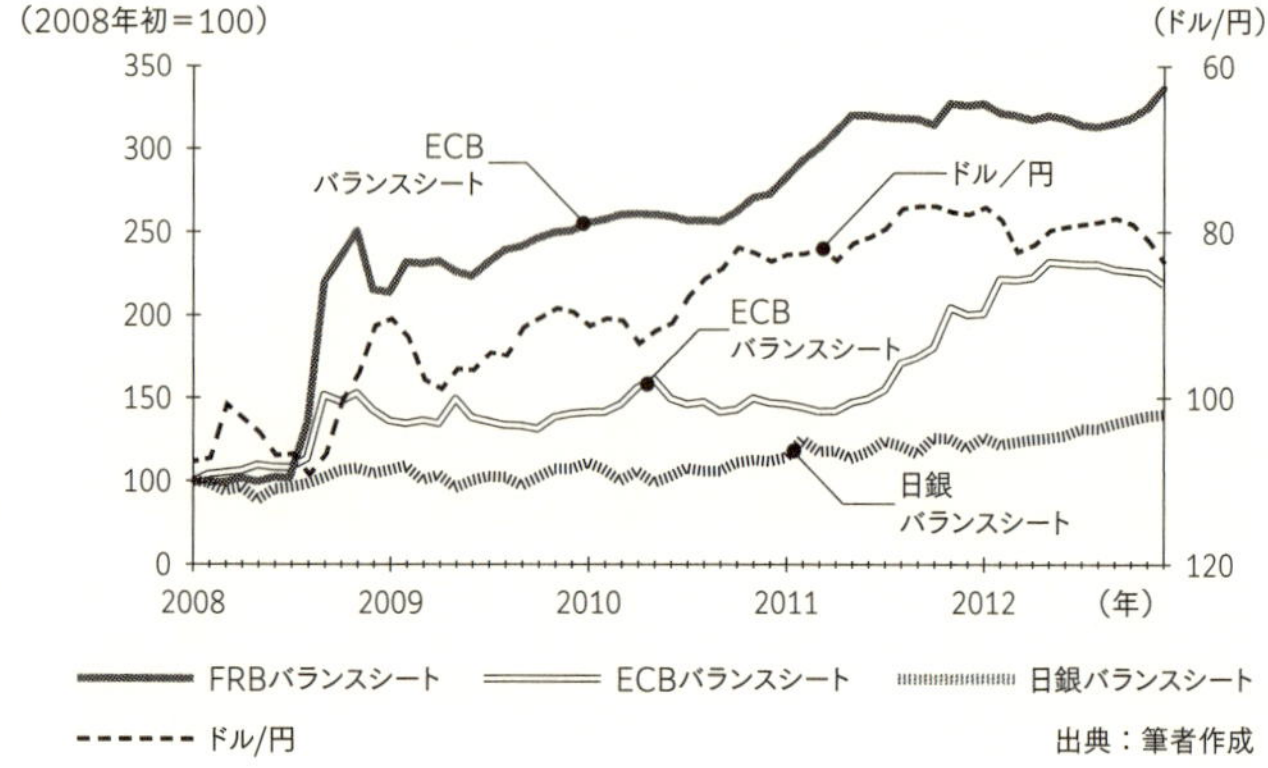

図表18　主要中央銀行のバランスシート

応策の動きは総じて素速やかった。米FRBは2008年12月にいち早く、政策金利をほぼゼロにまで引き下げた（＝ゼロ金利政策の導入）。

後述するが、こうした際の米FRBの対応は、各種指標の数字に基づき、理論的かつ手遅れがないように実現する。ゼロ金利政策だけでは、経済を早期に復調させることが難しいと判断したので、金融緩和の手を緩めず、QE1〜QE3（量的金融緩和策第1弾〜第3弾）と呼ばれる大規模金融緩和策などを矢継ぎ早に打ち続けた。

図18は、日米欧の中央銀行のバランスシートの規模を示したものである。これを

見ると、各国の中央銀行は、金利政策のみならず、市中銀行などから国債や住宅ローン債券などの資産を積極的に買い入れた。その結果、市中銀行などに潤沢にマネーが供給されていた事実がわかる。

各国の中央銀行のバランスシートの急激な拡大幅を見れば、いかに、急激かつ大量に金融緩和を行ったか、まさに異常値とも見える、思い切った施策を打っていることが見てとれる。

その中で、ほとんど動きがなく、沈黙を続けているようにみえる中央銀行が一つだけある。

それこそは日銀なのである。

日銀はこうした策を打つことに躊躇《ちゅうちょ》していた。本来ならば、どの国よりも、デフレ脱却の施策として、思い切った金融緩和をする必要があったはずだ。

それにもかかわらず、金利を上げるときはタイミングが早すぎて失策をし、こうした大胆な金利引き下げを一刻も早く決断しなければいけないときには、躊躇し、後手後手に回り、日本経済を衰退させ続けてしまった。

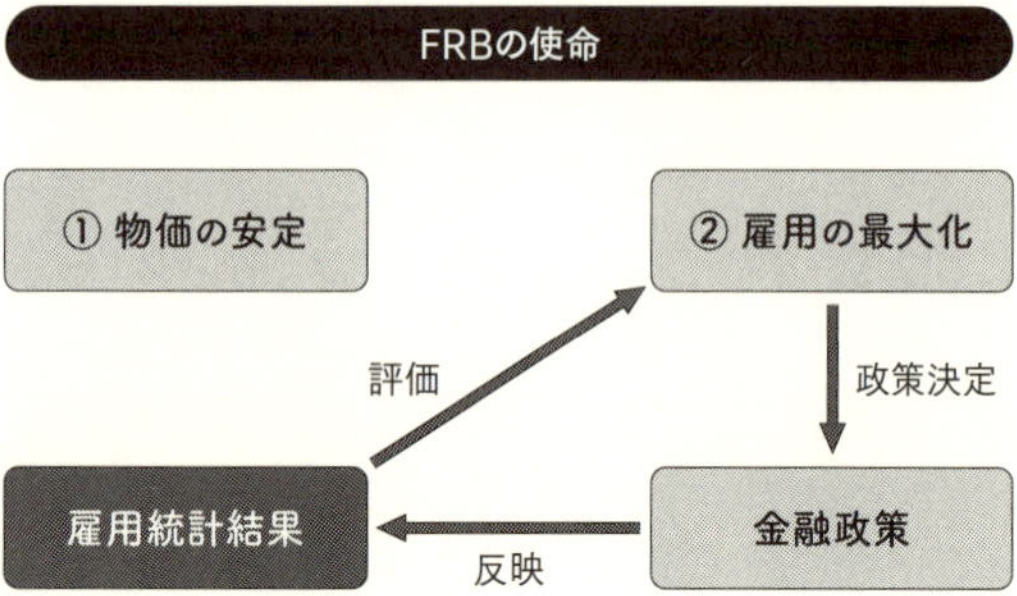

図表19　FRBが掲げる「dual mandate」

▼責任を真摯《しんし》に全うする組織「FRB」

リーマン・ショックの時ほど、中央銀行の対応に差が出たケースはなかったのではないだろうか。特に、アメリカの中央銀行の役割にあたる米FRB（米連邦準備制度理事会）の動きたるや、目を見張るものがあった。

FRBがなぜここまで、積極的に政策を打って出るように見えるのか。なぜなら、彼らには、米国の連邦準備法で定められた明確なミッション（使命）があるからだ。それは主に「物価の安定」と「雇用の最大化」の2つと定められており、これは「デュアルマンデート」と呼ばれている（図表19）。

物価の安定と雇用の最大化が何を定義しているかは、もちろん、法律には明示されていないが、物価であれば各種ＣＰＩ（物価上昇率）、雇用であれば失業率等の雇用統計の数値など、多くの指標を参考にして、政策金利の変更や資産買い入れ策などの金融政策を実施していく。経済政策における金融政策の存在感が高まるなか、ＦＲＢ議長の任命はホワイトハウスにおける重要人事の一つともなっている。

▼大規模金融緩和政策に果敢に打って出たバーナンキ議長

リーマン・ショックという非常事態に対して、ＦＲＢはどう大胆な手法で立ち向かったか、振り返ってみたい。すでに10年以上の月日が経っている今だからこそ、改めて振り返っておく必要もあるだろう。

それと同時に、その流れを汲《く》んで、超金融緩和政策を推し進め、日本経済をここまで復活の途に導いたアベノミクスが、ＦＲＢなどの政策対応が世界標準の対応であるかを理解した上で実現した、正しい政策転換であったことが理解できるはずだ。

２００８年９月のリーマン・ショックに時間軸を戻そう。

ＦＲＢは緊急会合を開き、早くも10月7日には、政策金利（ＦＦ金利）を2％から1・5％へと利下げを決定した。日銀が利下げを始めたのは、これより3週間以上も遅い10月31日のことだ。

ＦＲＢは年内に0・25％まで引き下げをしたが、景気の悪化に対し金利の引き下げだけでは対応できないと判断。バーナンキ議長は、学者時代から研究・提言していた通りの大規模金融緩和策に果敢に打って出た。

いわゆる「ＱＥ（Quantitative Easing）の発動だ。

「景気浮揚のためにはさらなる緩和が必要」ということで、中央銀行が市場にある各種債券、または政府が市場に発行する証券を購入する。こうすることで、民間金融市場に流れる資金の量が大幅に増加し、結果、企業や消費者が利用する資金借り入れの金利が大きく下がるという効果を生み出すのだ。

過去、中央銀行が景気浮揚に対して実施してきた金融政策手段は「金利操作」だった。しかし、リーマン・ショックという非常事態において、金利操作だけでは、効果が不十分と判断すれば、すかさず「量的金融緩和」という、通常は繰り出さない大胆な金融緩

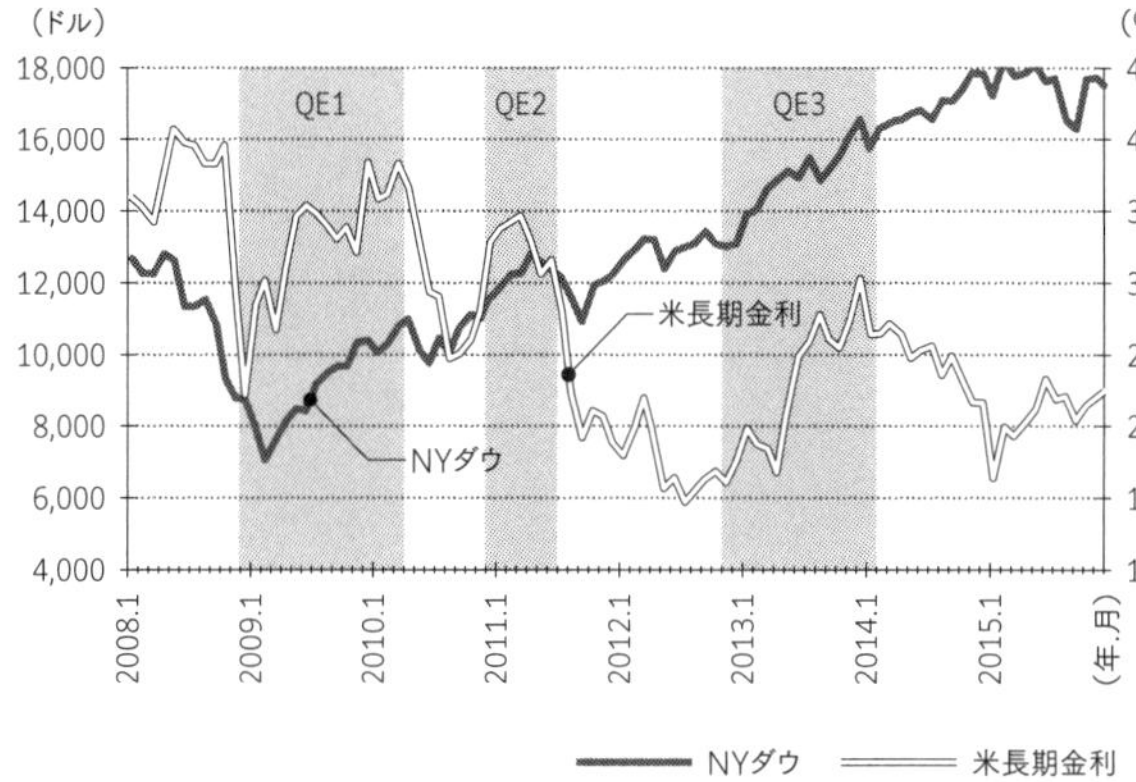

出典：Investing.com

図表20　QE1〜QE3と米国資産市場の動き

和を取り入れ、経済安定化策を実現するのがアメリカであり、経済成長を長期にわたり高めているのがFRBなのである。

実際、QEは、まず2008年11月から2010年6月にかけて実施され、「QE1」と呼ばれる。その間、FRBは1兆7250億ドルの米国債、MBS（不動産担保証券）を買い入れた（図表20）。

▼デフレ懸念に素早くQE2、QE3を実施

QE1が功を奏し、2010年春先までは、アメリカ経済は穏やかながらも、回復の一途をたどっていた。しかし、住宅市場の回復の遅れもあり、2010年夏場頃か

ら雇用統計や企業景況感指数などの経済指標の改善が踊り場に差しかかった。さらに、消費者物価指数も1％を下回る動きを見せ、日本と同様、アメリカにもデフレ懸念が生じた。

先ほども述べたように、FRBの使命は「物価の安定」と「雇用の最大化」である。その両方の数値の改善が十分ではなく、日本のようなデフレに至るリスクがあると判断するやいなや、バーナンキ議長は長期金利の押し下げを狙《ねら》って、2010年11月から2011年6月までの約8カ月間、1カ月あたり約750億ドルのペースで合計6000億ドルの米国債の追加購入を行った。

これがQE2である。

さらに続けて行われたのがQE3だ。それは2012年9月から「追加的にMBS（不動産担保証券）を毎月400億ドル購入する」というものだった。

FRBがQE3縮小に着手したのは、2014年1月である。

まさに5年の年月をかけた大事業だった。

アメリカでは、2009年3月に株式市場は底を打ち、その後上昇相場が続き、

2013年末には、アメリカの代表的な株価指数であるS&P500指数は、リーマン・ショック前の株価の2・7倍を超える水準まで上昇した。

それでも、物価の安定と雇用の最大化にはまだ遠いという理由で、FRBは金利をゼロ近傍で維持しつつ、バランスシートを増やす金融緩和強化策を続けた。その結果、多少の上げ下げを繰り返しながらも、アメリカ経済の安定成長が続き、結果、米国株のパフォーマンスは世界の中でもっとも高いものとなった。

▼日本株はなぜ、リーマン・ショック後も沈んだままだったのか？

FRBの手腕がいかにアメリカ経済をリーマン・ショックから押し上げていったかは、図表21（↓78ページ）のNYダウの推移を見てもわかるだろう。それに比べ、日本株の冴《さ》えない動きはどうしたことか。そこにまさに中央銀行の手腕の差がはっきり表れているといえるだろう。

しかし、日本株はなぜ、リーマン・ショック後も復活することなく、沈み込んでいたのだろうか。

図表20

【リーマン・ショック前後の日米株価指数（2008年1月＝100として指数化）】

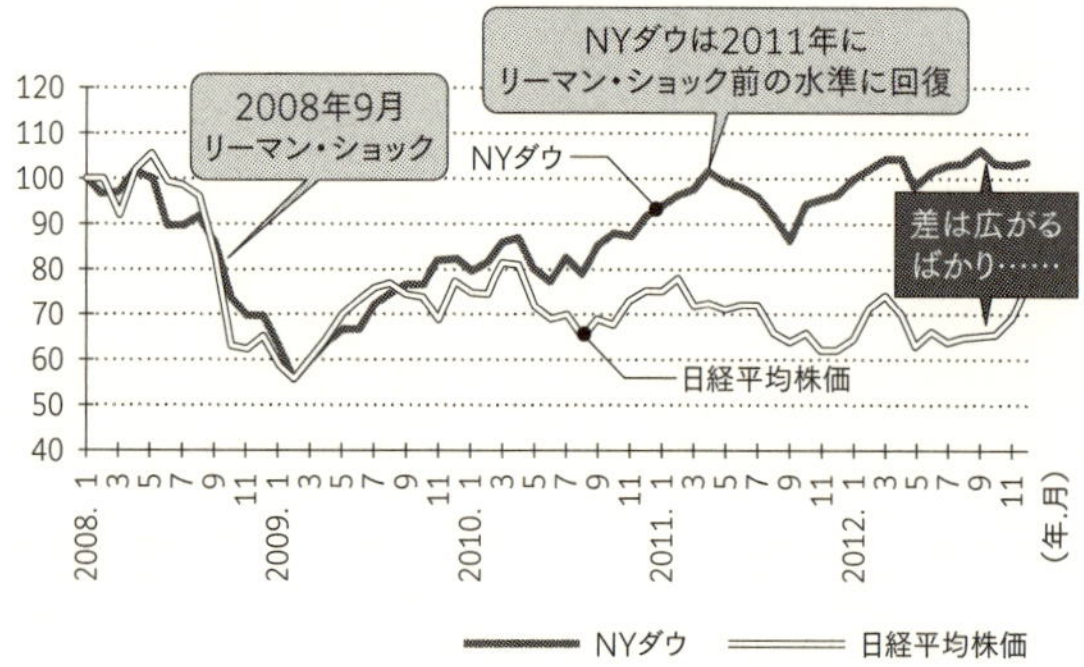

出典：Investing.com

図表21　リーマン・ショックを境にした日米の株価推移

その理由は、まさに、リーマン・ショック時の日銀の失政と大きな関係があるのである。

先ほど、詳しく述べたように、FRBは2008年9月末に緊急会合を開き、利下げを決行。これに対し、日銀が利下げを始めたのはそれから3週間以上も遅い10月31日だった。

それに続き12月に、FRBは量的金融緩和策にも着手。2009年3月には早くもQE1を実施している。このように、FRBが大胆かつ迅速に、金融政策を次々に打ってくる中、日銀はどうしていたのだろうか。

金利引き下げこそ実施したものの、市場にマネーを大規模に追加供給する金融緩和策（量的緩和政策）は行わなかった。

ＦＲＢが供給するマネタリーベースの量が大きく増える一方、日銀が供給するマネタリーベースの量はわずかしか増えなかったので、日米マネタリーベース比率が大きく低下することになった。

そこで何が起きるかは、読者の皆さんはもうお気づきだろう。

２００８年９月から２０１２年１月にかけて、１ドル＝１１０円から１ドル＝75円前後に達した、歴史的ともいえる「超円高」の流れを生み出してしまったのである（図表22→80ページ）。

しかし、この歴史的円高は、マネタリーベースの量の差だけで説明できる範囲を超えたものだ。そこで思い出してほしいのが、第１章で解説した予想インフレ率の差だ。

為替相場への投資は、株式投資と同様に、投資家が先の値動きを予想し、投資を行う。投資家たちは「その後のインフレ率がどのように変動するか？」を予想しながら、為替相場への投資を行っていく。

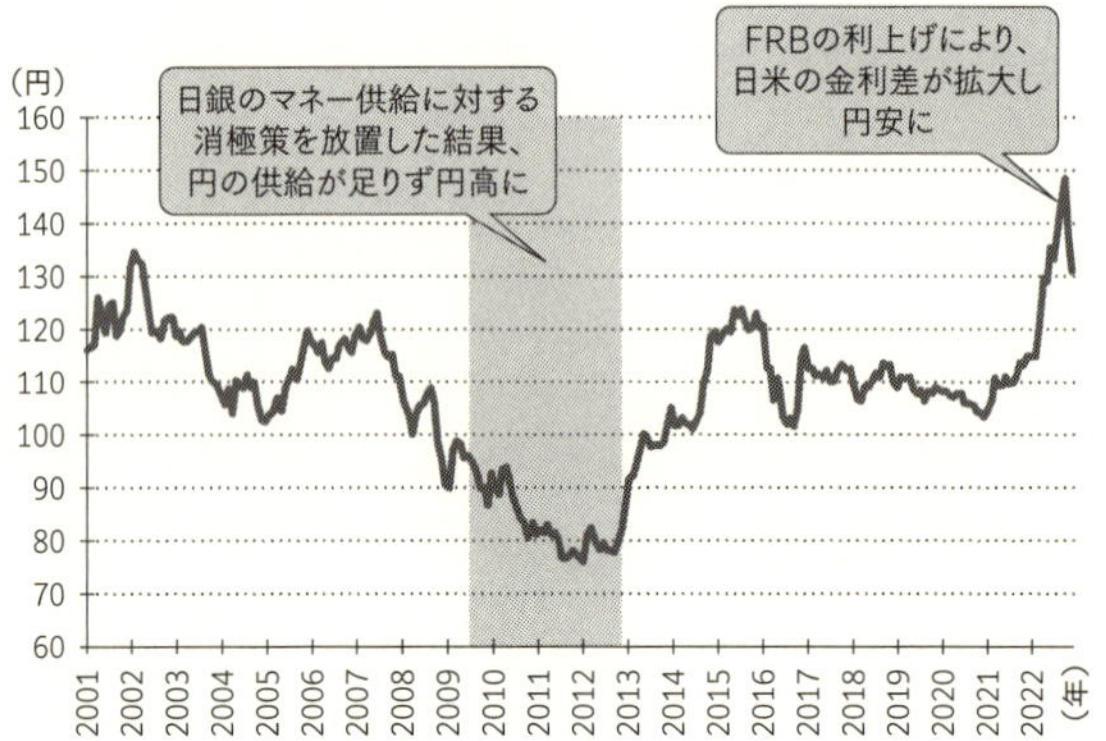

出典：Investing.com

図表22　ドル円レートの推移

そのため、為替相場は予想インフレ率の差の変動に左右されることもままある、というものだ。

この予想インフレ率が大きく働いたのが、２０１０年から２０１１年である。アメリカの景気浮揚が予想に反し、足踏みをしていた２０１０年夏場に、ＦＲＢはＱＥ１に続く、ＱＥ２の導入を示唆していた。

一方、日銀についての市場の予想は「アメリカのように追加の金融緩和に踏み出す可能性は低いだろう」というものが大勢を占めていた。

すでに日本はデフレに陥っていたにもかかわらず、日銀はほとんど動くことなくゼロ金利政策という現状維持の政策を長引かせた。

こうしたFRBと日銀の量的緩和へのスタンスの違いが明らかになった結果、何が起こったか。

日米金利差の変動の影響を受ける以上の大幅な円高が起きているのである。

この結果、日本経済にどれほどの打撃があったか、いかに円高が日本経済を打ちのめしたかの解説は第4章に譲るが、日銀の不十分な政策対応が起こした惨事は、1995年と2010年のこの2回がもっとも手痛いものだったと筆者は考えている。

▼日銀はデフレがお好き?——行きすぎた円高を放置する体質

市場関係者のデフレ予想が支配的になれば、為替市場においては恒常的に円高圧力が強まる。そして、デフレ予想の強まりで起きた円高が、輸出企業の価格競争力を削《そ》ぎ、円ベースの海外売り上げを削減、そして経済成長を低下させる経路で一般物価に対して下落圧力が強まる。

行きすぎた円高を自ら放置することは、デフレを許容する緊縮政策であり、実際に

1995年、2008〜2011年の日本では、相当緊縮的な経済政策が実現したと筆者は位置づけている。

つまり、デフレと通貨高の悪循環に自ら陥り、デフレと低成長を長期化させたということであり、こうした惨状が繰り返されたのが、2012年までの日本経済である。

第2次安倍政権下でアベノミクスが始動した2013年以降は、超円高が修正されデフレが和らいだ。緩やかなインフレと通貨安の好循環が2022年以降さらに強まり、2024年度の春闘では、ようやく賃金上昇率が3％を上回るなど実質賃金上昇を伴う好循環が強まりつつある。

2023年4月に植田和男氏が日銀の総裁となってからは、就任後1年間は金融緩和を続ける中で円安が進み、インフレ期待を底上げして、年率2％のインフレ完遂に近づきつつある。2022年以降の大幅円安はアメリカの金利上昇がもたらした側面が大きいが、日銀の金融緩和の長期化が円安を後押しし、これらの結果、日本でも年率2％のインフレが定着しつつある。

筆者の懸念が杞憂《きゆう》で済めばいい。

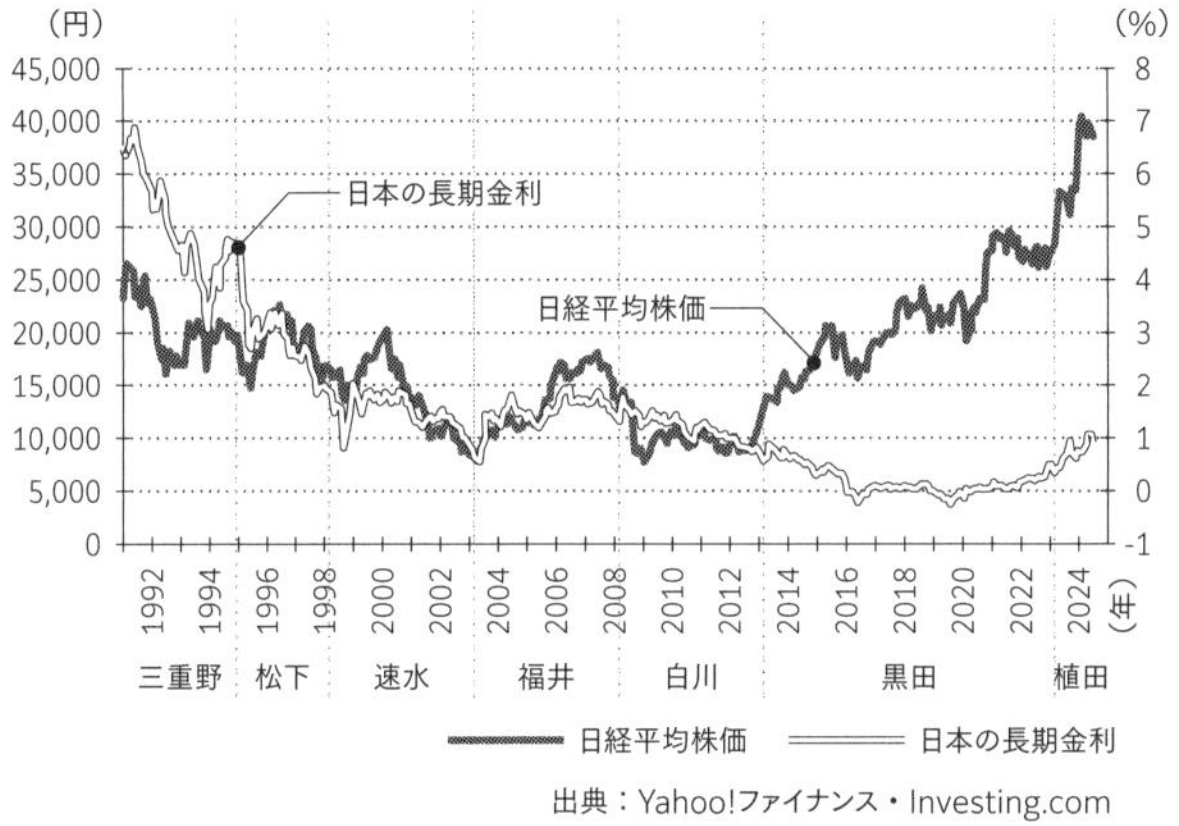

図表23　1991年からの日経平均株価と日本の長期金利の推移

だが、日銀が断続的な利上げを始める中で、仮に2024年に誕生した石破政権が、円高進行を促す引き締め政策を後押しすればどうなるか。

その場合、日本株のリターンは、米国株を大きく下回り続けるだろう。

最後になるが、いかに過去の日銀総裁が無策であったかを日経平均株価と長期金利の推移とともに、グラフにしてみた。

こうしてみると、2013年以降に黒田総裁が推進したアベノミクスが日本経済を復活に導いた歴史的事実であることは明白である。

第3章

円安の追い風を吹かせた米国経済

▼リーマン・ショック時に明らかになったFRBと日銀の手腕の差

前章では、リーマン・ショック後の対応を例に、同じ中央銀行でありながら、FRB（連邦準備制度理事会）と日銀の金融政策の舵取《かじと》り、特に量的緩和への取り組みへのスタンスには大きな違いがあったことを解説した。

具体的には、リーマン・ショック後、FRBが「物価の安定」と「雇用の最大化」という明確なミッションのもと、強力な金融緩和政策を行ったのに対して、日銀はゼロ金利政策以上の手立てにかなり消極的だった。そして、結果的に為替レートの安定に固執して、超円高を招く政策となってしまっていた。

その結果、米国は金融危機を見事に乗り越えることができた一方で、日本は、2012年までデフレと円高の悪循環に自ら陥ることになったのだ。まさしく、FRBと日銀の手腕の差が明らかになったわけだ。

▼日本経済は首相の政策で再び停滞する懸念がある

アベノミクスが始動した2013年以降、日銀が黒田前総裁の主導で大胆な金融緩和政策を継続した結果、インフレと行きすぎた通貨高の修正の好循環が始まり、2024年時点で日本は長いデフレ不況のトンネルを抜けつつあった。

このタイミングで、日銀の植田総裁は利上げの方向性を示したわけだが、これが妥当な判断であるのかについて、筆者ははなはだ疑問だと前章でも解説した。

植田総裁は、今後も日本経済は緩やかに回復を続けるという前提のもと「物価上昇率の高まりに合わせて、追加の利上げを行っていくことが適当」というが、2012年以前の日銀の度重なる失政を知る身からすると、その言葉を簡単に信用することは難しい。

また、日本の場合、日銀と政府は二人三脚の関係にある。そのため、日銀の手腕を見張る政府の役割も重要といえる。2024年9月の自民党総裁選挙は決選投票でまさかの逆転劇を経て、石破茂氏が新たな自民党総裁となり、10月1日から石破政権が発足した。

石破氏は金融緩和強化などの経済政策に対しても批判的な姿勢で知られているが、一方で菅義偉《すがよしひで》氏が副総裁となり、菅政権で官房長官だった加藤勝信氏が財務大臣に就任した。両氏はアベノミクスを実務的に支えていたので、「利上げに前のめり」な日本銀行に対して、岸田政権よりも厳しい態度をとることを期待したい。

とはいえ、新政権が日銀の時期尚早な利上げを傍観してしまえば、せっかく復活の道を歩み始めていた日本経済が再び停滞期に突入するシナリオも十分に想定できる。

▼FRBと日銀の2022年以降のインフレへの対応策はリーマン・ショック時と真逆

植田総裁が持続的な利上げを行う方針を示した背景には、インフレによって物価が上振れするリスクへの警戒心が根底にあるわけだが、2022年以降のインフレは世界的な現象であり、インフレへの対応を迫られたのは日本だけではない。当然、米国も急激なインフレへの対応に迫られた。

本書のここまでの話の流れを経て、FRBの方が日銀よりも量的緩和に積極的という印象を持つ人もいるかもしれないが、2022年以降の動向を見ると、FRBと日銀はリーマン・ショック時とは真逆の対応をしていることがわかる。

つまり、インフレ沈静化策として、FRBが利上げによって強力な金融引き締めを図ったのに対して、日銀はそれには同調せずに金融緩和を継続したのだ。その結果、日米マネタリーベース比率が大きく低下し、ドル高円安が急激に進行したのは、すでに第1章で解説した通りだ。

▼2022年当時は、筆者もFRBの急速な利上げに懐疑的な目を向けていた

ここで、「2022年以降のインフレへの対応という点では、日銀の方がFRBよりも優れた金融政策をとったのではないか」と考える読者もいるかもしれない。

たしかに、過熱したインフレを抑制するためには金融引き締めは有効な手段ではある一方、安易な利上げは景気を冷やす要因にもなる。

筆者も2022年当時、FRBが従来重視していた雇用最大化よりも、ジョー・バイデン政権からの要請もあり、インフレ抑制を重視する政策に舵を切った際には、政策ミスにつながる可能性が高いと見ていた。

2022年の利上げペースは、筆者の予想をはるかに超えるもので、2022年1月時点で0・25%だった政策金利が、12月時点では4・5%にまで引き上げられた（図表24）。

ウクライナ情勢で資源価格が上昇して「オイルショックの再来」まで想起される中で、筆者を含む多くの識者は、大幅利上げによって２０２３年にかけてアメリカの経済成長へのブレーキが強まるリスクが大きいと当時は懸念した。

▼FRBのインフレ対応策はさっそく効果を発揮し出した

急速な利上げ政策はさっそくインフレ抑制効果を発揮し、２０２２年６月に９・１％まで高騰していた米国の消費者物価指数（前年比）は、２０２２年12月時点で６・５％まで低下した（図表25）。

この時点での評価はさまざまだったが、筆者は、１９７０年代の米国で起きた賃金と物価のスパイラル的な上昇による大インフレに陥る展開は、とりあえず避けられるのではないかと考えていた。この後も、高インフレへ回帰する可能性はゼロではないが、その可能性が高いとは考えにくく、インフレの和らぎをうけて、ＦＲＢによる利上げ局面は終盤戦に入りつつあるのではないかと判断していた。

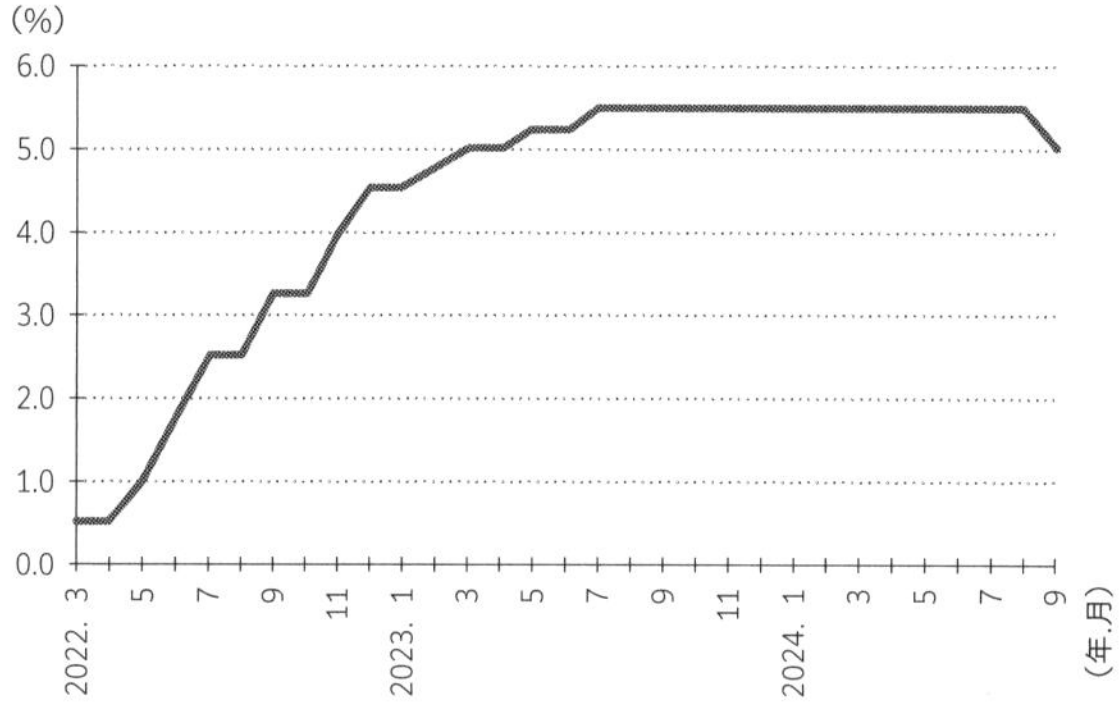

出典：Investing.com

図表24　米国政策金利の推移

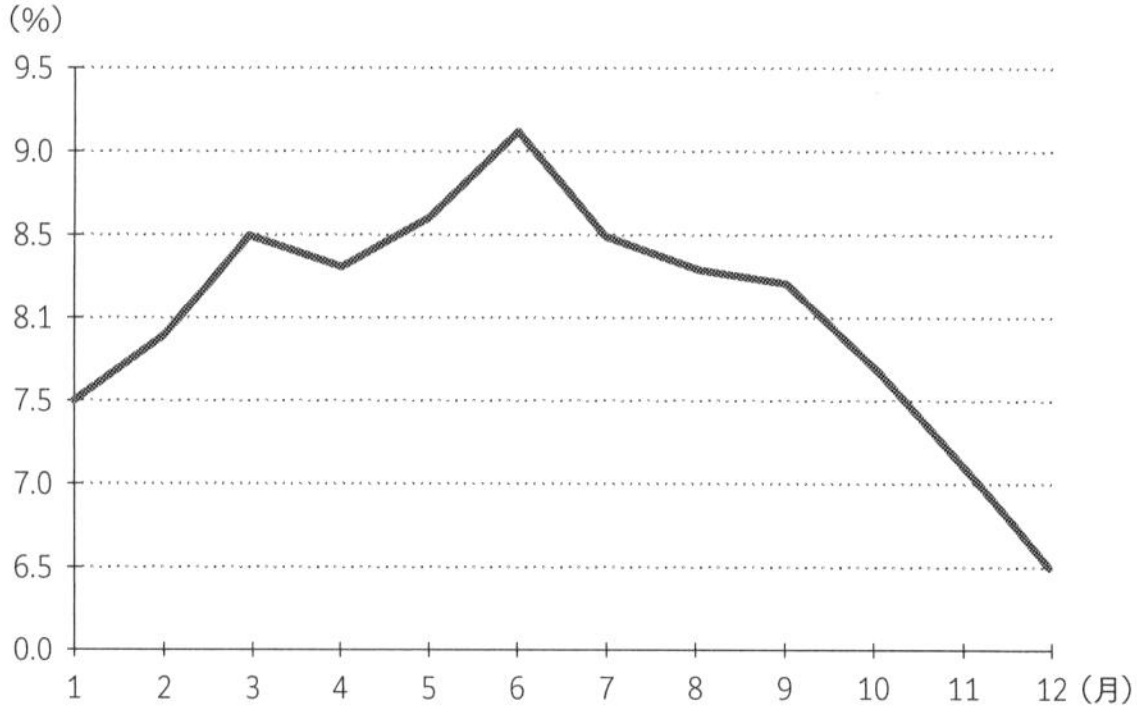

出典：Investing.com

図表25　2022年の米国消費者物価指数（前年比）の推移

▼2023年も利上げは続いたが、ソフトランディングに成功

その後、2023年以降も利上げは続き、政策金利は2月、3月、5月、7月にそれぞれ0・25%ずつ引き上げられ、5・5%まで上昇した（図表24→91ページ）。

FRBによる急ピッチの利上げが行われるなかで、2023年5月に米ファースト・リパブリック銀行が経営破綻したこともあって、当時の債券市場の認識は「金融システムを揺るがせたFRBの判断ミスは明らかだ。それと同様に、利下げからも距離を置いているFRBの判断も誤りだ。よって、『利下げは考えない』との姿勢も早晩変わるはずだ」というものが一般的だった。

債券市場では「米国景気の後退は不可避」という見方が日に日に強まり、それに伴って早期利下げの期待が高まっていった。

しかし、債券市場の見立てとは異なり、2023年の8月には、「インフレが落ち着きかつ「失速に至らない緩やかな減速」という経済状況が、金融引き締めを経て実現しつつあった。実際、FRBのパウエル議長は7月のFOMC（連邦公開市場委員会）後の会見で景気後退回避の可能性を示唆し、複数の大手金融機関のエコノミストも8月に入って

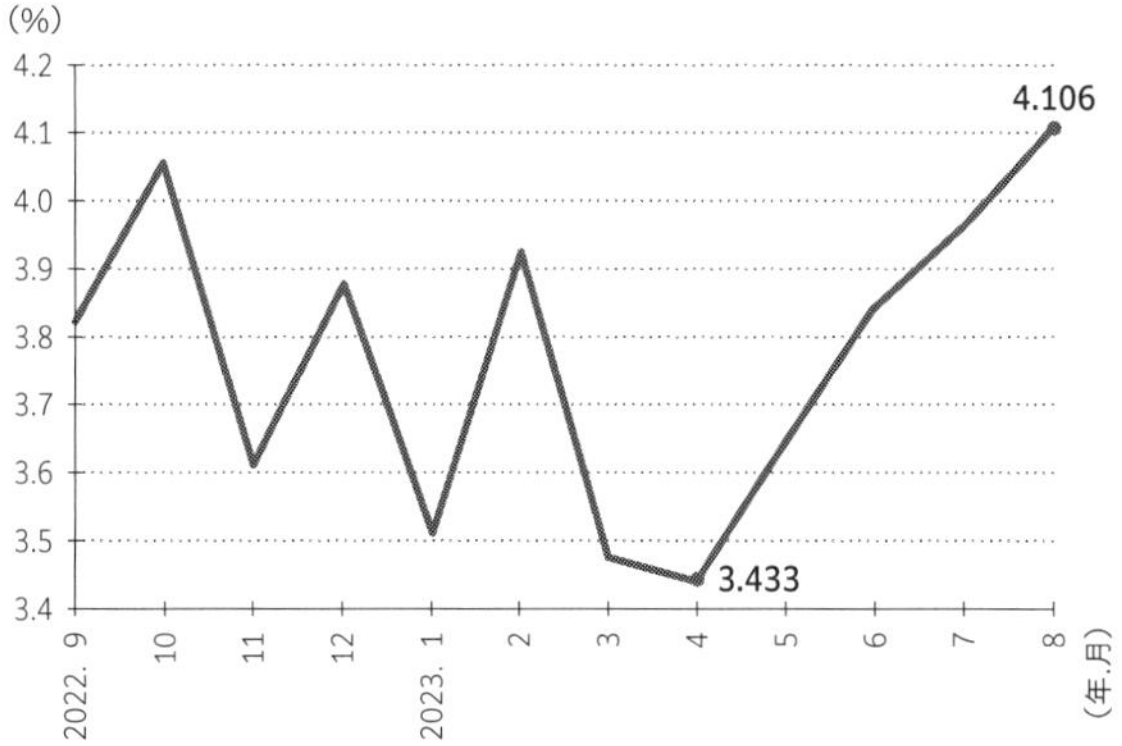

図表26　**米国の10年債利回りの推移**（2022年9月～2023年8月）

から「景気後退には至らない」と予想を変更した。

なお、筆者は、7月前半時点で「米国経済は景気後退が回避され、ソフトランディングに至る」と一足早く予想を変更していた。

債券市場でも、ほぼコンセンサスだった「米国景気の後退は不可避」の見方が変わり、米国の長期金利（10年債券利回り）は、2023年4月に3・433%にまで下がってからは上昇を続け、2023年8月には4・106%と再び4%台となった（図表26）。

この時点で長期金利が高止まることを不

安視する声もあったが、経済とインフレがほどよく減速する中で生じる金利上昇が、経済活動を失速させる可能性は高くない。「FRBの政策ミス」にベットしていた債券市場の認識修正の過程で起きている長期金利上昇であれば、過度な懸念は不要だと筆者は当時判断したが、その後の動向をたどれば、筆者の判断は正しかったようだ。

▼株式市場はいったん下がるもその後持ち直す

一方、株式市場は2023年の春先から経済成長やインフレのソフトランディングを予期し、金利上昇に先んじて上昇したが、債券市場の認識修正によって長期金利が上がったことで、一時的に下落した。

実際に、米国の代表的な指標であるS&P500種指数（＝S&P500）は、7月末に年初来高値である4588ポイントをつけてからは下げに転じ、10月末では4193ポイントにまで下落した。しかし、10月末を底に、その後は順調な上昇が続き、2024年2月9日には史上初めて終値で5000ポイントの大台に乗せた。その後も最高値を更新し続け、3月1日には5137ポイントまで上昇している（図表27）。

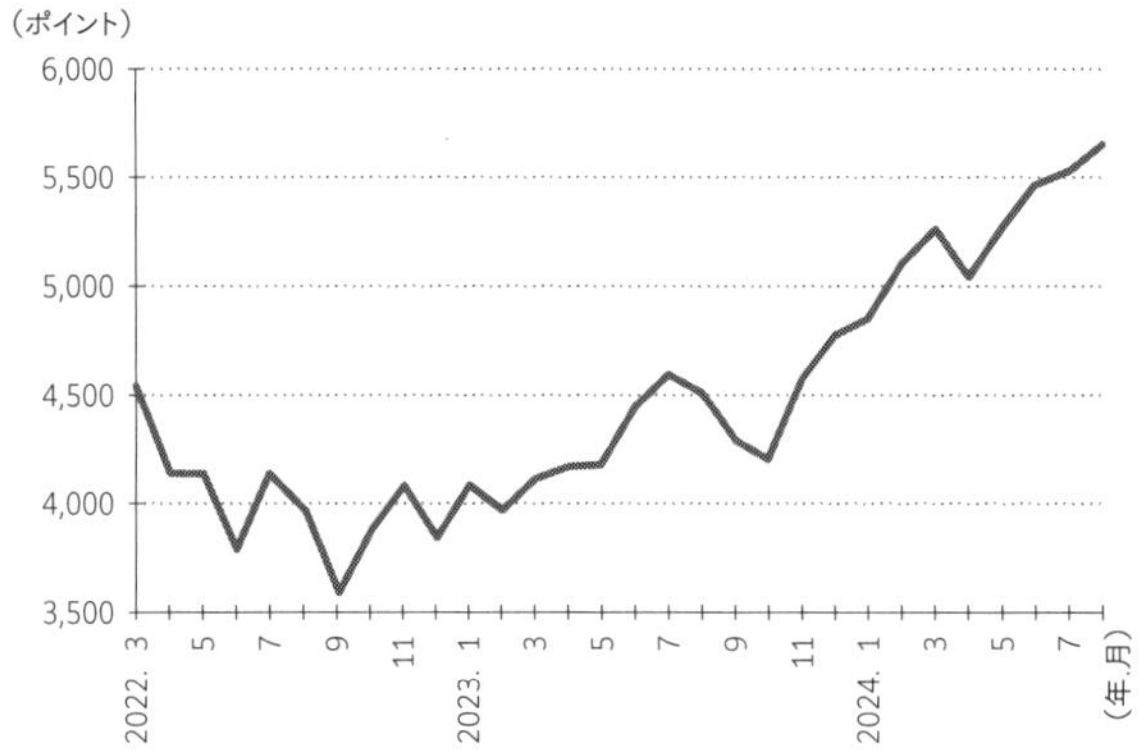

出典：Investing.com

図表27　S&P500（終値）の推移

このメカニズムについても解説していこう。

まず、2023年時には、「リスク要因」とみなされた長期金利の上昇だが、2024年に入ると、インフレ制御に成功しつつあるFRBへの信認が強まり、長期金利の上昇はリスクとみなされなくなったことが、株価の上昇を後押しした。

また、2023年10～12月期のアメリカ企業決算は総じて堅調で、事前予想よりも1株当たり利益（EPS）は上方修正された。

長期金利4％台前半という金利水準が続いても、経済の安定が続き、多くの企業の業績改善が続いていたことで、FRBの金

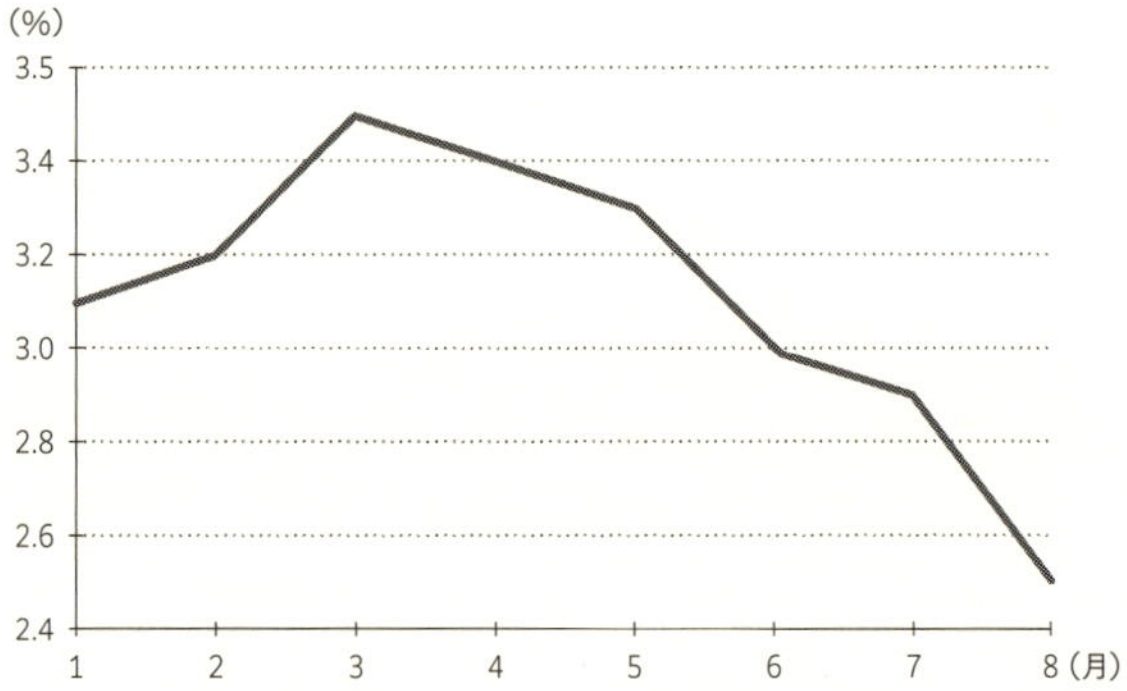

出典：Investing.com

図表28　2024年の米国消費者物価指数（前年比）の推移

融引き締めが景気後退にはつながらなかったことが実証され、株高と金利上昇の併存をもたらしたのだ。

▼2024年に入っても、米国経済は堅調

２０２４年に入ると、消費者物価指数は再び上昇し、インフレが短期的に上振れした（図表28）。

しかし、筆者は、年初の高インフレは一時的であり、やがて落ち着くと予想し、「長期金利の上昇は続かず、ＦＲＢに対する株式市場の信認は保たれる」と考えていた。

実際に、５月以降に発表されたアメリカのインフレ指標は、筆者が想定していた通

りに落ち着いた。その後、7月11日に発表された6月分の消費者物価指数も、食料品とエネルギーを除いたコアベースで前月比＋0・1%と、きわめて低い伸びに減速した。特に、前月まで高止まりしていた家賃の伸びの低下が顕著で、インフレが鎮静化しつつあることを強く示唆する結果だった。

▼とうとう、2024年9月に金融引き締め政策が終わり、利下げが始まる

一方で、雇用統計に目を向けると、失業率の上昇や、求人数の減少など、雇用情勢の悪化リスクが目立ち始めてきた。つまり、金融引き締めの雇用面へのマイナス効果が顕在化してきたのだ（図表29→98ページ）。

こうなると、FRBは、「物価の安定」のために継続的に実施してきた金融引き締め政策を修正し、「雇用の最大化」の実現のために段階的な利下げに踏み切る必要が出てくる。

筆者も、4月の段階で、FRBはできるだけ早い時期での利下げ開始を模索しており、9月までに利下げを始めると予想していた。

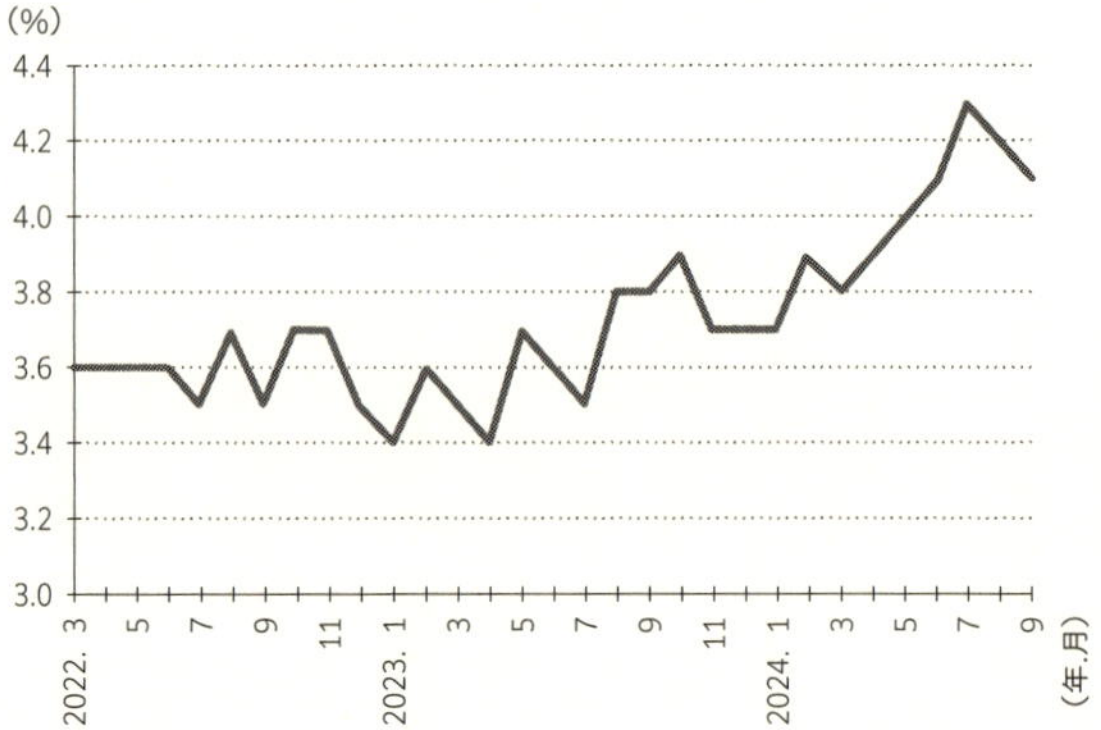

出典：Investing.com

図表29　米国の失業率の推移

実際に、パウエル議長は、2024年8月23日にジャクソンホール会合で行った講演で、「金融政策を調整する時期が来ている」と発言し、筆者の予想通り、FRBは9月18日のFOMCで、政策金利を5・5%から5・0%へと、0・5%引き下げることを決めたのだ。

▼今後のアメリカ経済の展望

現在の安定成長が続く状況下では、大幅な利下げは必要とされないため、今後も毎回のFOMCで0・25%ずつの小刻みな利下げが行われると、筆者は予想する。

ここで、米国経済の安定成長が続くか否

かの鍵を握るのが、労働市場の調整のスピードと深さだ。今後、失業者が増えて雇用者数が減れば、家計の可処分所得増加にブレーキがかかり、個人消費支出が大きく減速する。仮に個人消費が半年にわたり減少すれば、米国経済が景気後退に陥ることは間違いない。ＦＲＢ自身も労働市場の調整への警戒を強めている。

実際に、失業率の上昇を理由に、米国の景気後退を懸念する識者も少なくないが、筆者はこの意見には賛同できない。なぜなら、失業率は相応に上昇しているものの、雇用者数の減速は小幅でとどまって、求人数もピーク時対比で低下しているものの依然高い水準にとどまっているからだ。

また、米国には人手不足が根強い産業が残っているうえに、コロナ禍で人手不足に直面した多くの企業が「労働者不足」に対して警戒している影響で解雇数もかなり低い水準にとどまっている。

これらの事情を考慮すると、米国の労働市場は、緩やかな調整が２０２５年にかけて続くとみられる。労働市場の調整が緩やかなままであれば、経済の成長減速も軽微に止まり、２％前後の安定成長が保たれ、景気後退には至ることなく、米国経済はソフトランディングを達成するのではないかと、筆者は予想している。

▼なぜ、FRBはコロナ禍以降のインフレからソフトランディングできたのか？

さて、このように、米国は、2022年以降のインフレに対して、2％を超える経済成長を維持したまま、インフレ沈静化を成功させつつあるわけだが、ここからは、FRBの強力な金融引き締め政策が景気を損ねることなく順調に進んだ要因について考えてみたい。日銀が利上げの方向性を示したいま、米国の成功例を綿密に分析することは、今後の日本経済を占ううえでも非常に重要だと筆者は考えている。

今回のソフトランディングは、いくつかの要因が複合的に重なった結果であると筆者は分析している。1つずつ解説していこう。

理由① 今回のインフレは、コロナ禍という特殊な状況下で起こった

今回、FRBは、1年間で4％以上の利上げによってインフレの抑制を図った。これまでの歴史を鑑《かんが》みると、ここまでの急ピッチな利上げは、景気後退を招いた挙句に失敗するというのがお決まりのパターンであった。

しかし、ここまで見てきた通り、ＦＲＢの抑制策は現段階で成功しつつあり、インフレはソフトランディングの兆《きざ》しを見せている。

それでは、今回に限って急ピッチな利上げが例外的に効果を上げた理由は何か。それは、今回のインフレが、例外的な要因によって引き起こされたことである。

振り返ると、今回のインフレは、コロナ禍という極めて特殊な状況とともに起きた。具体的には、経済が復調する中で供給制約が重なり、サプライチェーンの混乱によってモノが不足したことがインフレの要因となったわけだ。

一般的に、インフレは需要サイドと供給サイドの双方が複雑に絡み合いながら発生するが、今回のインフレは要因が供給サイドに多くが起因していた点で、これまでのインフレとは大きく異なっていた。

加えて、パンデミックとなったコロナ禍後の特殊な世界では、過去のデータや経験則の多くが通じなかった。そのようななかで、ＦＲＢのパウエル議長は急ピッチな利上げという過去に成功例のほとんどない政策を実施した。つまり、特殊な状況下に対応するために特殊な政策に打って出たわけだ。それが、経済に大きなネガティブな影響を結果的に及ぼさなかったということなる。

理由② 移民による労働供給拡大

2023年は経済成長が2％を超える高い伸びが続いたにもかかわらず、インフレ沈静化が順調に進んだことは、多くの学者にとっても謎《なぞ》であった。その理由として、当時のパウエル議長が指摘していたのが「労働供給拡大によって短期的に潜在成長率が高まった可能性」だ。

その後、実際に、議会予算局（CBO）から2023年から移民の数が伸びていた可能性が示された。そのことから、パウエル議長の指摘は正しいものであり、景気後退を招くことなくインフレが抑制された大きな理由として「移民による労働力増加が続いており、経済成長が上振れてもインフレが抑制される状況が長引いている」ということが挙げられると、筆者は考えている（図表30）。

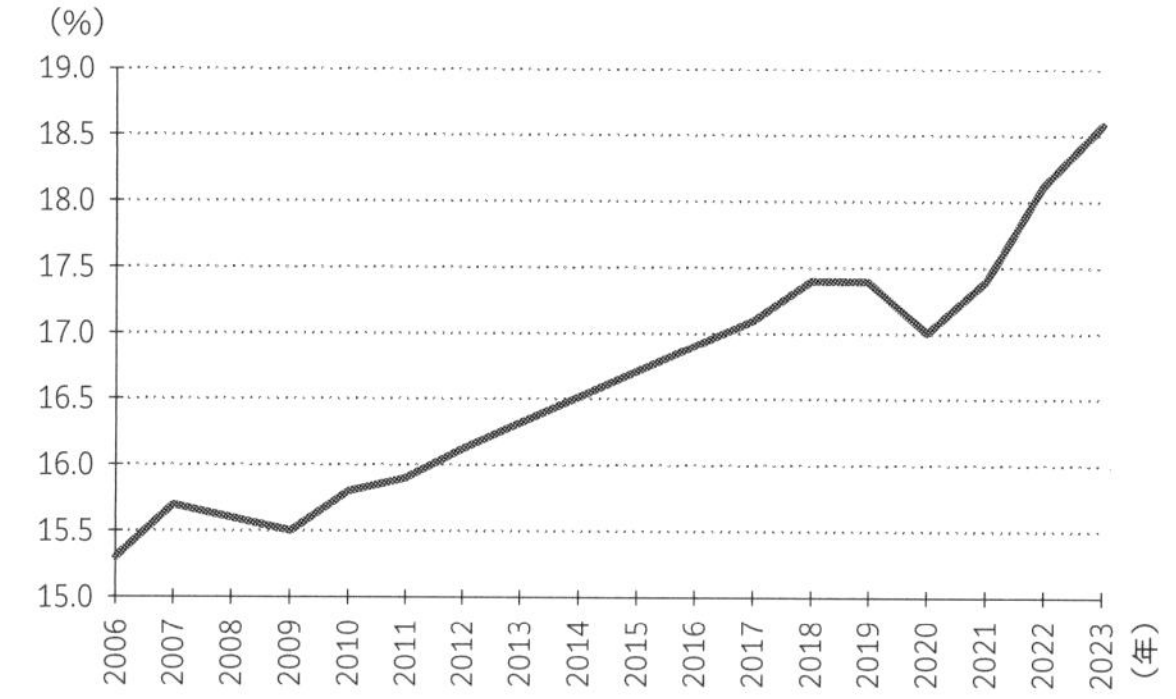

出典：米国労働統計局

図表30　**米国の労働者数における移民労働者の割合の推移**

理由③ 成長力の高い世界的な企業が株高を牽引《けんいん》した

通常、金融引き締めを行うと株価の下落が起こる。しかし今回、ＦＲＢが急激な利上げをしたにもかかわらず、２０２２年以降、米国の株価はおおむね右肩上がりを続けた。この株高が続いたという点も、景気後退を回避した一因と言えるだろう。

米国株高を牽引しているのは、生成ＡＩなど技術革新への期待であり、実際にＡＩ関連企業の株価は大きく上昇し続けている。技術革新に伴い、企業の利益成長が将来的に増えるとの期待から、ＰＥＲの上昇を伴う形で、米国株全体の企業価値評価が押し上げられているわけだ。

こうした株高について、「アメリカの株式市場はバブルに近づいている」と警戒する声も散見されるが、米国には「マグニフィセント・セブン（グーグル・アップル・メタ・アマゾン・マイクロソフト・テスラ・エヌビディア）」など世界的な企業が集中しており、これらの企業は今後も成長を続けることが予想されており、このブーム的な株高はあと数年続く可能性があると筆者は考えている。

理由④ 市場におけるＦＲＢへの信認の高さ

今回のソフトランディングの最大の要因ともいえるのが、市場におけるＦＲＢへの信認の高さだ。

先述した通り、当初の債券市場はＦＲＢの金融引き締めに対して反発の姿勢を見せていた。しかし、「インフレが落ち着き」かつ「失速に至らない緩やかな減速」という経済状況が実現していくにつれ、揺らいだ信認は回復した。また、経済の先行きに総じて悲観的で、ＦＲＢの政策ミスを懸念していた債券市場と比べると、ＦＲＢに対する株式市場の信認は揺るがなかったのだが、株式市場の判断がより正しかったということだろう。

このように、FRBは特に株式市場から高い信認を受けていたため、市場が混乱するほどの強力な金融引き締め効果が表れてもおかしくなかったが、経済は安定的に成長を続けることができたのだ。

FRBが市場から高い信認を得ることができた要因は、ひとえにその実績である。第2章で解説したリーマン・ショック時の対応が好例だが、FRBは米国経済が危機に瀕《ひん》するたびに、「物価の安定」と「雇用の最大化」という明確なミッションをもとに適切な金融政策を行い、深刻な景気後退を回避してきた。

こうした実績を積み重ねた結果、今回の一見極端に見えた急ピッチの利上げも、市場側からの強い反発をもたらすことなく、受け入れられたというわけだ。

▼日銀はFRBになることはできるのか?

現在、日本はインフレや円安に直面しており、それを問題視する声は少ない。それに対して、日銀はアベノミクス以来の金融緩和を解除し、利上げの方向性を明確に示している。

しかし、第1章で解説してきた通り、インフレや円安は悪いことではない。むしろ、アベノミクスによる金融緩和によって、経済はデフレからインフレに、為替は円高から円安に転じ、企業の売上高は増加し、企業の価値である株価も上昇した。株価が上がったことで、消費も増加し、今年の春闘では賃金上昇の兆しも見えてきたのだ。

とはいえ、日銀が近い将来、利下げに転換する可能性は極めて低い。そうなると、参考にしたいのが、コロナ禍後のインフレを利上げによってソフトランディングさせつつあるFRBの手腕だ。

先ほど、FRBが経済成長を続けながらインフレを抑制することができた理由を4つ挙げたが、理由①は現在日本が置かれている状況と違うため、参考にならない。また、②や③も米国ならではの要因であり、日本が模倣することは現状ほぼ不可能だ。

すると、日銀が参考にすべきは④となる。しかし、FRBとは違い、黒田前総裁の政策転換が実現したが、日銀はこれまでの数々の失態から市場から信認を得るには至っていない。

日銀が市場からの信認を回復するためには、通貨価値をコントロールし、為替を安定させることに執着するのではなく、中央銀行が本来果たすべき「物価の安定」と「雇用の最大化」という2大ミッションに誠実に向き合うことである。

黒田前総裁のもと大胆な金融緩和を実行した際には、市場からの日銀の信認は高まったが、植田総裁が時期尚早な利上げを示唆したことによって、その信認は再び揺らぎつつある。今後、時期尚早な利上げが続き、景気後退が始まったら、日本は再び「失われた20年」の経済停滞へと突入してもおかしくない。インフレ率は、金融政策によって決まるという大原則を、長年デフレで苦しんだわれわれは忘れてはならない。

▼トランプ政権による日本経済への影響とは？

最後に見ていきたいのが、トランプ政権の誕生が日本経済にもたらす影響だ。

11月5日に投開票された米国大統領選で、共和党のドナルド・トランプ氏は312人の選挙人を獲得、226人だった民主党のカマラ・ハリス副大統領に大差をつけて勝利した。

トランプ氏が掲げる経済政策の中で、もっとも警戒されているのが、強力な関税引き上げ措置である。関税引き上げ政策については、中国からの輸入品には60％、それ以外の国からの輸入品には10％（もしくは20％）関税を引き上げる考えをトランプ氏は掲げている。実際には、トランプ氏が大好きなディールの手段として使われることを踏まえると、関税引き上げ率は、上記で示した半分程度で収まることが予測されるが、識者の中には、「米国、ひいては世界経済が危機に瀕する」「急激なドル安が起こる」などと危機感を煽る声も少なくない。

もちろん、関税引き上げによる輸入物価の上昇を通じて、一時的にアメリカでは財品目の価格上昇が生じる可能性は高い。しかし、これをきっかけに再び深刻な高インフレが訪れるシナリオは考えにくい。なぜなら、結局のところ、米国の経済をコントロールしているのはＦＲＢだからだ。ＦＲＢがこれまで同様に優秀である限りは、１人の大統領が多少極端な方針を打ち出したところで、経済や市場に危機的な影響が生じる可能性は低い。

実際に、トランプ政権の関税引き上げによって、ここまで順調にきていたインフレ収束のシナリオが停滞した場合、2024年9月会合から利下げに局面に移行したFRBは、利下げ見送りに転じることで物価の安定を図るだろう。トランプ政権による経済政策によって、FRBの利下げのスピードがより緩やかになるとの期待が根強い中で、当面、米長期金利の高止まりが続くことが予想されており、このことはむしろ日本経済にとって追い風になる。

また、トランプ政権下では、減税政策が実現することに加えて、環境政策の分野で介入的な政策が目立った民主党政権とは異なり、規制緩和など民間の経済活動を支援する政策が重視されることになる。金融業などへの規制緩和、国内エネルギー採掘の促進、などに関連するビジネスに対する成長期待が高まり易いといえる。減税などの財政政策が作用することに加えて、企業の設備投資の拡大が実現する中で、2025年以降も2%を上回る米国の経済成長が続くと筆者は予想する。当然、トランプ政権下で米国経済の堅調な成長が続くことは、日本経済にも良い影響を与える。

このように、トランプ政権下での政策を冷静に分析すれば、巷の「トランプ再選で日本経済に危機が迫る」といったような言説は誤りであることが分かるだろう。前トランプ政権時も、多くのメディアが危機を煽り立てたが、実際には、米国経済も世界経済は明確には悪化せず、顕著なドル安も発生しなかった。こうした批判的な言説はイデオロギー的左右対立に端を発していることがほとんどで、当てにしてはいけない。

一方で、ドル円の為替レートについては、トランプ政権よりも日銀の金融政策の動向が今後のカギを握っている。早ければ12月会合にも日銀が追加利上げを行うとみられる中で、米日金利差の緩やかな縮小が明確になれば、為替市場において、ドル円は2025年にかけて徐々に円高に向かうだろう。

▼米大統領が誰になるにせよ、日本経済は日銀次第なことに変わりはない

そもそも、アメリカの大統領が誰になるかによって日本経済が揺らいでしまうのが当然という見方が妥当ではない。

アメリカは、ＦＲＢというしっかりとした中央銀行が国の経済の手綱をキチンと握っている。そのため、大統領の政策で経済動向がたとえ変わっても「物価の安定」と「雇

用の最大化」という明確なミッションのもとに、その都度の経済状況に合わせて適切な金融政策を行う、というシンプルな軸が揺らぐことはない。

一方で、日銀には米国ほどには明確な政策目標が法律で定められていないので、米国の大統領選などにいちいち振り回されてしまうわけだ。しかし、第1章で見てきた通り、日米の為替レートを決めるのは、両国のマネタリーベース比率であり、両国の金融政策である。

日銀が、自国の通貨価値を高めに保ちたいという古臭い考えを捨て去り、FRBのように明確なミッションのもとに適切な金融政策を行うことができれば、米国の大統領が誰になろうと、日本経済はそう簡単には本来揺らがないのである。

第4章

日本にとって円安と円高のどちらが有利なのか？

▼160円からの円高反転はしごく当然のこと

前章でも解説したが、2024年9月にFRB（米連邦準備制度理事会）が利下げを開始すると筆者は予想していたが、その通りの展開となった。7月に1ドル＝160円に達した時点で、一部論者が「さらに円安ドル高が進み、日本経済に打撃を与える」と懸念していた。

ただ、筆者は、円安基調は早晩転換するとの見方を示していたのだが、予想どおり7月初旬には1ドル160円付近だったドル円は、通貨当局による大規模円買い介入、同月末の日本銀行の利上げを経て、一時、1ドル140円付近まで円高となり、2024年初と同水準に戻った。

その後、9月分の米雇用統計の数字が予想以上に上振れ、米労働市場の強さが確認され、年内の大幅利下げ論は後退し、ドルが主要通貨に対して上昇。1ドル＝150円前後までドル高・円安が再び進んだ。

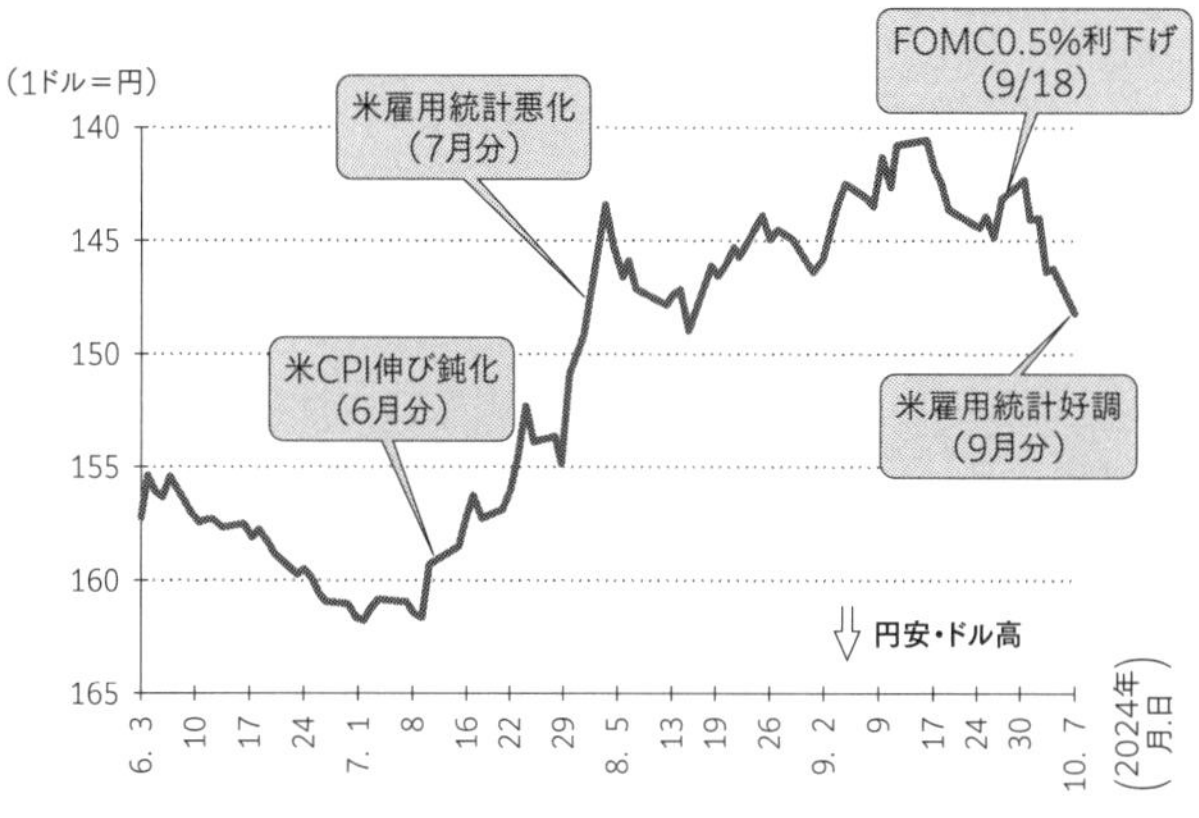

出典：日本銀行「銀行為替相場状況」

図表31　**ドル円相場**

7月まで散見された、「1ドル160円台を超えて円安が続く」といった自称専門家などによる予想は、メディア受けはよいが、多くは根拠が薄弱だったということだ。ドル円は通貨の相対価格なのだから、やはり日米の金融政策の方向性でその趨勢《すうせい》が決まるということである。

▼石破政権に変わっても、政権と日銀への不信感は変わらず

ただ問題は、日銀の政策転換への思惑で大きく円高が進むリスクが浮上してしまった点である。

1ドル160円台の大幅な円安は、日本

経済にとってかなりの追い風であり、同時に「嬉しい誤算」だったので、必然的に長く続かなかったとは言える。

1ドル140～150円前後のドル円レートは、歴史的にみれば大幅な円安と位置付けられる。ただ、日本経済の成長率は2023年半ばから停滞が続き、デフレからの完全脱却の途上にあるのだから、1ドル150円台の円安が長引いた方が日本経済にとって望ましいというのが筆者の考えである。

実際に、ドル円が7月末に年初と同水準に戻ったため、7月まで先進各国で最もパフォーマンスが高かった日本株市場は、8月初旬に急落して、トランプ・ハリス候補で接戦となった大統領選挙が迫る中で、最高値圏で推移している米国株市場に対して大きく出遅れている（図表10→49ページ参照）。

「円安は日本経済にとって害悪」との多くの報道は、メディアによる一種の風説に過ぎないが、弱体化していた岸田政権がそうした世論に過剰に反応して、円高に誘導する通貨当局の対応を容認したということになる。

7月末に日本銀行が利上げに踏み出した判断にも、岸田政権がレームダック化したこ

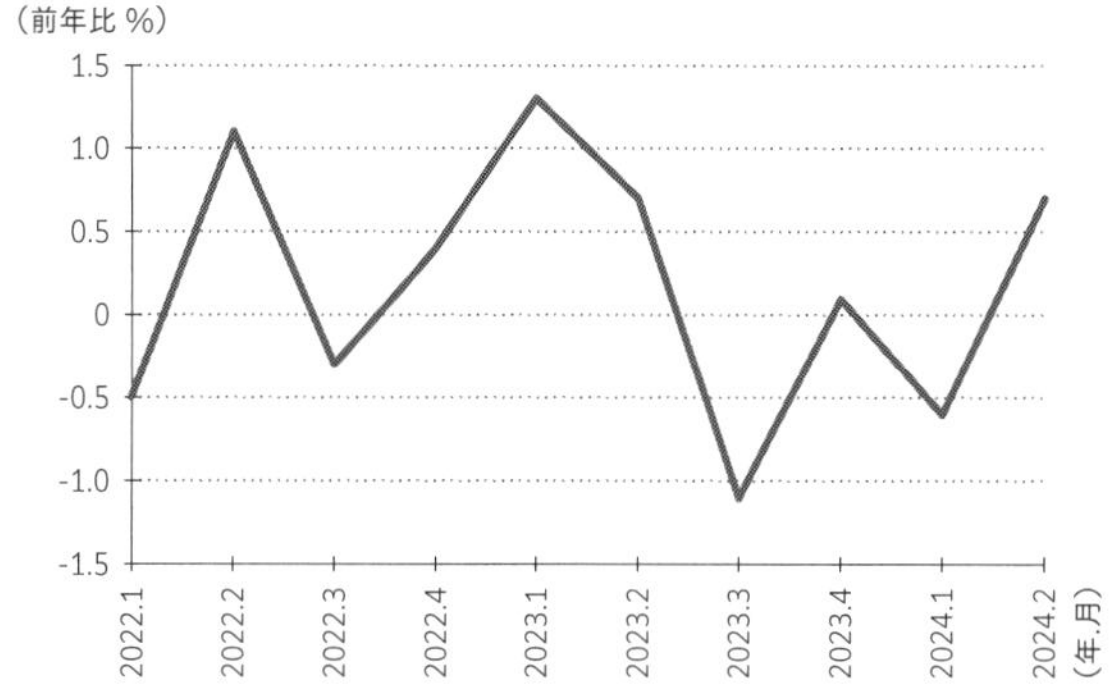

出典：内閣府経済社会総合研究所「統計表（四半期別GDP速報）」

図表32　**実質GDP成長率の推移**

とが影響していただろう。

その意味で、第2章でも解説したとおり、8月初旬の日本株の急落は、政策当局者による人災であると筆者は位置づけている。

石破政権に変わっても、多くの金融市場関係者が経済政策運営に対する不信感を抱いたままなので、8月以降、日本株市場は上下に動き、極めて不安定になってしまった。

▼購買力平価より円安で問題なのは、消費者への所得移転の進展

日本は今、円安というゲタを履かせてもらっており、いずれは、1ドル120〜

130円台へと円高に向かっていくのは、長い目で見れば回避できないことだろう。問題なのは、これだけ購買力平価より円安というゲタを履き、景気がよくなる条件が揃《そろ》っているのに、経済の好循環に生かせていない点である。

実際、円安のおかげで、(後述するが)日本企業の多くが高い業績をあげている。その結果、政府の税収も大いに潤っている。ここまで来ているのだから、それをしっかり減税という形で消費者に戻していかないと、経済の好循環がなかなか起きない。

仮に岸田前政権が、大型減税などの財政政策が経済安定化政策として、2023年早々に踏み出していれば、「家計の円安への不満」はやわらぎ、2023年半ば以降も個人消費の回復が続いたのではないだろうか。政府から家計への所得移転がもっともっと早くから行われるべきだった。

岸田政権が、事態をようやく認識して、2023年末に定額減税を決定したが、残念ながら判断が遅すぎた。「たらればは」ではあるが、大規模な減税などが早期に実現すれば、円安の恩恵が広がるので、岸田政権の支持率はここまで大きく低下しなかっただろう。

▼「円が紙くずになる」まで通貨安が続くのか？

極端な論者は、通貨価値を意図的に低下させる「異次元緩和」を日本銀行は長年行ってきたのだから、「円が紙くず」になるまで通貨安が避けられない、などと主張する。「円安が止まらず、円の価値は急落。円は1ドル＝500ドルになり、ハイパーインフレがやってくる」。そして、円は価値がなくなり紙くずになる、といったものだ。

見方はさまざまだが、なんらかの日本側の要因で、円安が止まらないとの声が強まっていることが、最近の為替市場における円安進展を促した一つの要因だろう。

ただ、上記の「構造的な円安は続く」と考える論者は、以下のメカニズムを軽視しているのではないか。

それは、通貨安が日本経済の成長率を高め、それが将来の金利上昇や通貨高をもたらす経路があるということだ。

実際に、マイナス金利解除が近づきつつあるとのメッセージが、2024年になってから日本銀行の植田総裁などから発せられた。

その背景には、日本において賃金と物価高の好循環が始まりつつあることがある。日本でも通貨安の景気刺激効果が強まり、賃上げやインフレが起こりつつあるわけだ。日銀がこれを持続的と判断すれば、利上げに転じ、通貨安圧力が今後弱まるシナリオを考えるのは自然である。

もちろん、日本で、賃金上昇と物価高の「好循環」がどの程度起きるか議論が分かれるし、日銀が利上げに転じた後の利上げペースについても、市場の見方は定まっておらず、日銀の利上げペースが今後のドル円市場を動かす変動要因になる。

ただ、これまでの大幅な円安が、輸入物価上昇などを通じて、日本の価格を押し上げている。通貨安が長期化すれば、それが将来の価格上昇や企業業績の改善をもたらし、経済成長を押し上げる効果が強まる。

▼円安が止まらないと予想する論者の理屈とは?

一方で、円安が止まらないと予想する論者は、通貨安が将来の経済復調をもたらし、インフレを押し上げる経路を軽視（場合によっては無視）しつつ、通貨安が「家計などの購買力を低下させる」という負の影響を重視しているようだ。

確かに、通貨安が進んでも経済活動が全くよくならないのであれば、「通貨安は止まらない」が自然な理屈である。

ただ、通貨安（や通貨高）が大きく進んだ場合には、それが経済活動に影響を及ぼすことを通じて、通貨高（や通貨安）をもたらす効果は、通常、時間の経過とともに現れる。

こうしたメカニズムを考えれば、新興国などがかつて直面した通貨危機などの突発的なケースを除けば、日本の通貨安が永続する可能性は、やはり低い。

たとえば、筆者の予想とは真逆ではあるのだが、仮になんらかのショックが起きて、1ドル200円まで円安が進んだ場合、どうなるだろうか。日本製品やサービスの価格競争力がさらに高まるので、むしろ日銀の利上げ時期が早まり、通貨円に対する上昇圧力はむしろ強まるのではないだろうか。

むしろ、想定外に円高が進むシナリオに備えるべき局面

要するに、行きすぎた金融緩和によって、「円が紙くずになる」と主張する論者が懸念する状況が訪れる前に、円や日本製品が十分安くなるのだから、割安になった日本製

品が買われたり、あるいは企業業績が一段と改善するとの期待が、金利上昇や株高をもたらし通貨安に歯止めがかかることが、現実に起こるのではないか、ということである。

実際に、1ドル150円というのは、前述したとおり、購買力平価との対比などから、かなり円安水準であり、それゆえに海外通貨と比べて日本円が割安（＝円の購買力が低い）なことを示唆する報道は頻繁に見られる。

早晩、「円の割安さ」が和らぐ方向で、為替市場では円高圧力が強まるのではないか。止まらない円安ではなく、どちらかというと、想定外に円高が進むシナリオに備えるべき局面が近づきつつあるのではないかと筆者は考えている。

円安は「衰退日本の象徴」と強調するメディアもあるが、2022年以降の通貨安は日本経済全体にとって、依然としてプラスの影響が明確だろう。円安は「衰退日本の象徴」というよりは、途上にある日本経済の正常化を後押しすると位置付けられる。

▼貿易赤字の犯人は「円安」なのか？

「円安により、日本の構造的課題である貿易赤字が加速化」「円安が貿易赤字圧力になっている」といった経済メディアなどの記事もいまだに散見される。

貿易赤字は、財務省・貿易統計の輸出額から輸入額を差し引いた貿易収支がマイナスになっていることを指す。実際、２０２２年度は22兆５７９億円、２０２３年度は５兆８９１８億円と3年連続の赤字となっている。

そもそも、貿易赤字という言い方自体が、一般的にはネガティブに聞こえるようだ。「円安が貿易収支の赤字圧力となっている」「輸入品は円を売って換金したドルで取引することが多く、円安に拍車がかかる要因になる」など、あたかも貿易赤字の犯人が円安である、といった論調が目につく。

確かに図表33（↓124ページ）を見ると、２０２２年などは日本の貿易赤字が大きくなっており、ちょうど為替相場が大きく円安に動いたタイミングであった。貿易赤字が増えるとともに円安が進んでいるようにも見えなくはない。

しかし、筆者に言わせれば、標準的な経済理論を踏まえると、「貿易赤字が問題である」というのは間違いである。貿易赤字だから負けていて、貿易黒字だから勝っているというのは、大昔の重商主義の理屈であり、現代ではナンセンスな考えである。

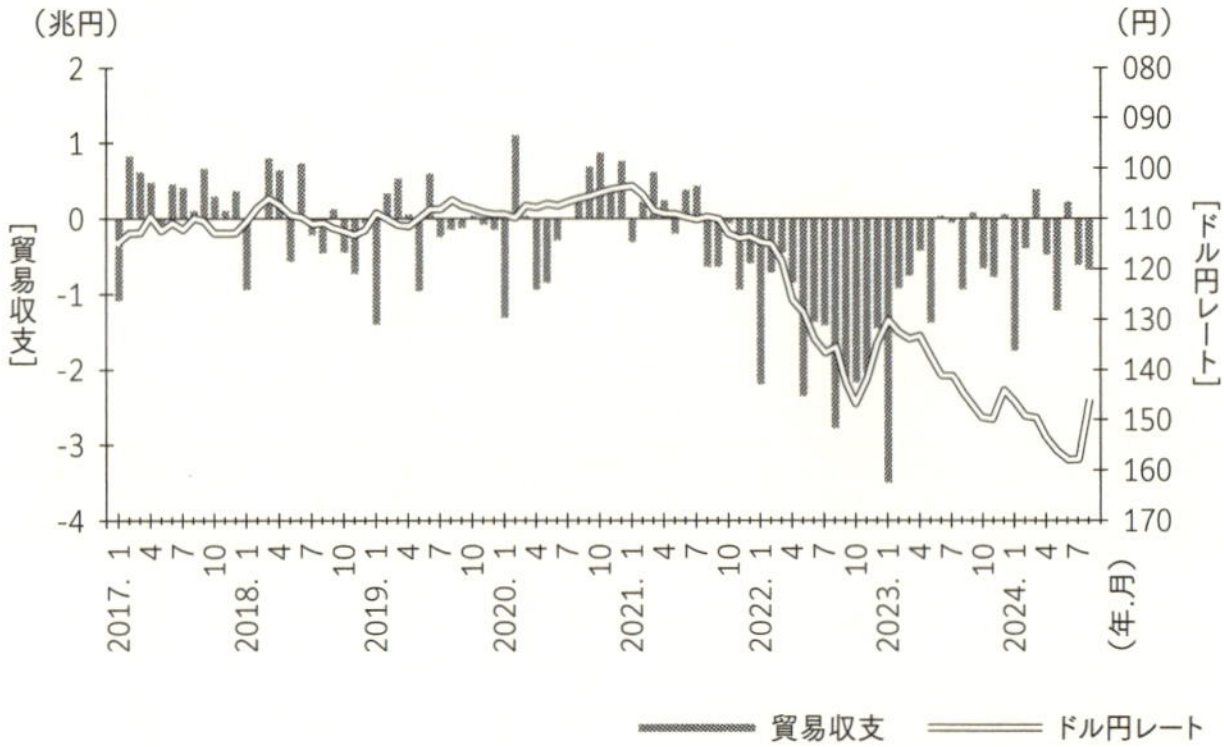

出典：財務省「貿易統計」・日本銀行「外国為替相場状況」

図表33　**貿易収支とドル円相場**

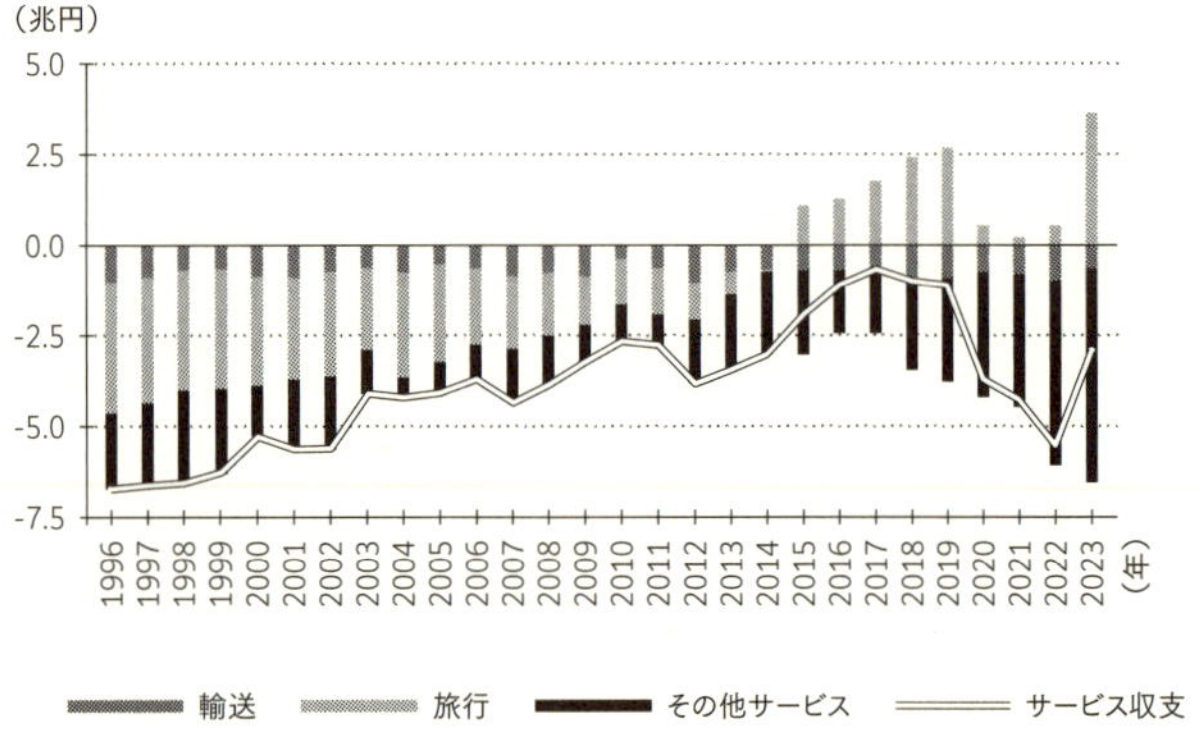

出典：財務省「国際収支状況」

図表34　**日本のサービス収支**（項目別長期推移）

例えば、米国などは1980年代以降、一貫して貿易赤字となっているが、そのことが原因で米国経済が停滞したり、企業業績が大きく減速したことなどない。

歴史を振り返ると、1985年のプラザ合意前の1ドル＝235円前後から、合意による円高を経て、1986年は1ドル＝160円付近までに達する急激な円高が起きた。日本の製造業はプラザ合意後に価格競争力を失い、多くの製造業は海外現地への直接投資に活路を見出《みいだ》した。

貿易収支を見た時、大幅な円安進行にもかかわらず、輸出数量が増えないのは、国内での生産拠点が従来よりも減っており、海外の工場での生産が増え、それで利益を稼ぐ企業が増えているためである。

「円安効果を生かせない、日本企業の輸出競争力の低下」と揶揄《やゆ》する考えは妥当ではない。

また「海外で稼いだ企業が現地で投資を増やして、それが国内に還流しないのだから日本人は豊かにならない」との意見もある。

繰り返しになるが、企業のお金の使い方は個々の企業の戦略であり、理想の姿はないわけで、こうした議論に意味はない。

ただ、円安が続けば、日本国内で工場を建てるインセンティブは強まるのだから、円安で日本の経済成長率が高まることは変わらない。

▼大幅な円高とデフレのダメージで日本人は貧しくなった

デフレと通貨高がもたらす低成長均衡から抜け出すために、第2次安倍政権誕生とともに、2013年からの日本銀行による金融緩和が講じられたことをきっかけに、デフレと行きすぎた通貨高が解消され、日本経済はようやく成長軌道に戻りつつある。

失われた20年も含めた過去30年の日本の教訓を踏まえると、金融緩和によって円安が長期化していることはある意味当然だ。①長期の円安は脱デフレを伴う経済正常化にとって必要なプロセスであり、②円安の定着によって1980年代のように日本が他の先進国よりも経済環境がよくなる、ということである。

円安進行は円の購買力低下を招くが、経済正常化の最後の後押しとなり、日本企業の価格競争力を復活させ、長期的に経済成長を高める。そして、1995年までの大幅な円高とデフレのダメージで、日本人が貧しくなったことと反対に、大幅な円安が続けば、今後多くの日本人の生活水準を高めることになる。

▼10年で2倍というものの、なぜそこまで「デジタル赤字」を騒ぐのか？

さらにいわゆるデジタル赤字が増えていることが問題とする論者もいる。「日本はGAFAMなどへの支払いが多くデジタル収支が赤字で、円安は構造問題だ」という論調だ。

ご存じない読者の方のために少し解説すると、海外とのモノやサービスなどの取引状況を表す経常収支の黒字は25兆3390億円となっている。22年度から約2・8倍に増加し、過去最高となっている。

しかし、その一方で実は日本が抱える新たな赤字が増大しているというのだ。経常収支には、大きく「一次所得収支」「二次所得収支」「貿易・サービス収支」の3項目がある。これらの収支が25兆3390億円の黒字となっているわけだ。

この中で「貿易・サービス収支」は9兆4167億円の赤字となっており、うち、貿易収支赤字が6兆5009億円が大きな位置を占めている。しかし、サービス収支赤字も2兆9158億円と、けっして無視できない数字である。

サービス収支の項目は「輸送」「旅行」「その他サービス」の3項目に大別できる。

この中でインバウンドによる「旅行」分野の黒字が注目されがちだが、それを打ち消すほどの赤字が「その他サービス」というわけだ。

「その他サービス収支」は2023年に5兆9040億円と過去最大の赤字を更新している。では、「その他サービス」の中身とは何なのか。細かく見ていくと、「通信・コンピューター・情報サービス」で1兆6149億円の赤字となっている。1999年では2668億円だったので、四半世紀で約6倍に膨らんでいる。

この「通信・コンピューター・情報サービス」は、いわゆるGAFAMに象徴される米国の巨大IT企業が提供するプラットフォームへの支払いであり、これが「デジタル赤字」というわけだ。

具体的には、アマゾン、グーグル、マイクロソフト、オラクルなどへの支払いが含まれている。海外企業のサービスを利用すれば当然、外貨の支払いが必要となり、円売り圧力に直結し、円安を呼んでいるというものだ。

そしてこれこそが、「弱い円の象徴」というわけだ。

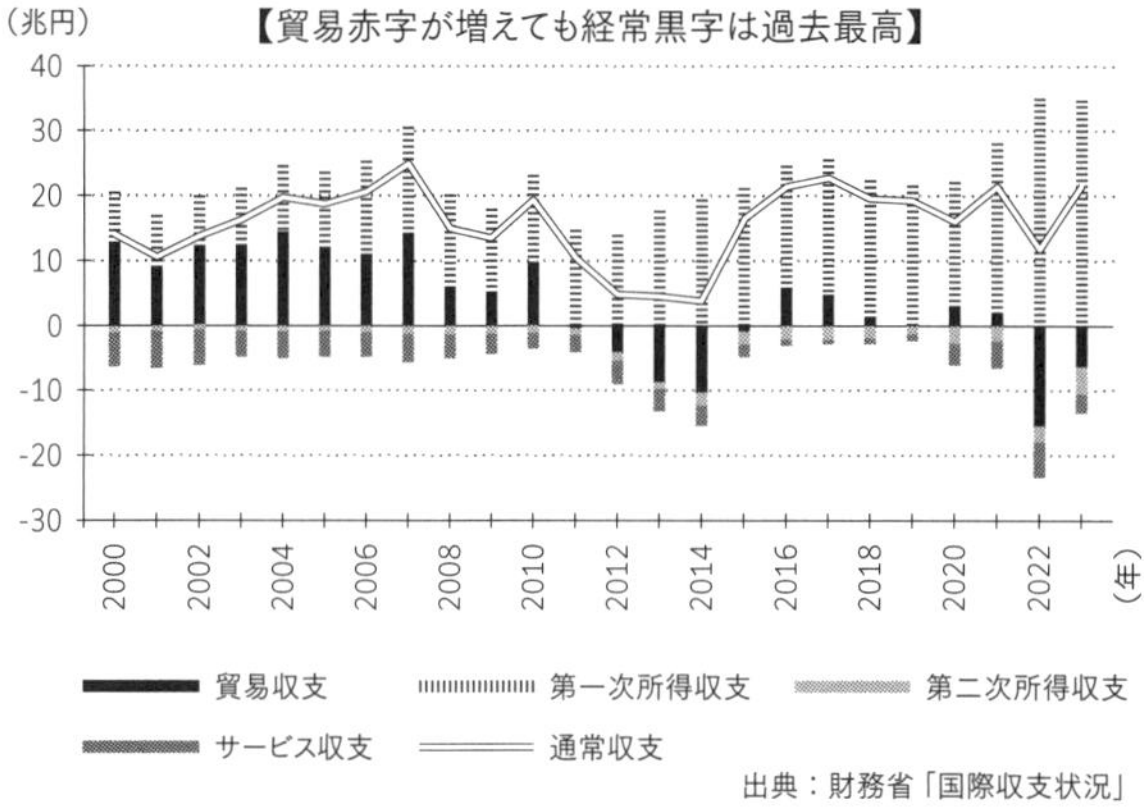

図表35　**日本の経常収支**（項目別長期推移）

▼貿易赤字もデジタル赤字も何の問題もない

デジタル赤字の議論はマスコミでも再三取り上げられており、もはや、円安とデジタル赤字は切っても切れない関係のように語られている。

しかし、筆者に言わせれば、デジタル赤字が円安をもたらしているという議論は間違いである。

貿易黒字だから円高、貿易赤字だから円安ということではないとこれまで解説しているが、それと同じ理屈である。

貿易赤字あるいはデジタル赤字が円安を

招いていて、それ故に円安はよくない、というのは経済理論に基づかないナンセンスな議論である。

2022年以降の円安の主たる要因は、金利動向や中央銀行の緩和姿勢の差にある。そもそも円安とデジタル赤字の因果関係は不確かなのだから、デジタル赤字が増えていることに筆者はほとんど関心を持っていない。

ただ、日本人がネットフリックスなど海外のサービスを利用して楽しむことが増えて、生活が豊かになっているのだから、デジタル赤字が増えているのはよいことである。また、競争力が高いネットフリックスなどで働く従業員のおかげで、家計所得が底上げされている。デジタル赤字が増えて困るのは、競争力がない日本の伝統メディアや情報サービス業の経営者や社員など限られた人たちだけである。

繰り返しになるが、「貿易（デジタル）赤字＝悪い」というのはナンセンスな議論であり、こうした赤字によって日本人が貧しくなっているという認識があるとすれば、それは妥当ではない。

第5章

円安がもたらす7つの効果

▼円安によって多くの日本人は再び豊かになる

2022年から大幅な円安が続いているが、24年7月には一時1ドル160円台まで円安が進んだことに対応して、本邦通貨当局は円高介入政策に再び踏み出した。

1985年以来の水準となる1ドル＝160円台への円安進行に対する当局の対応を受けて、「円安が行きすぎている」という認識がさらに強まった感がある。「通貨安＝日本衰退の象徴」との思いなどから、「円安が大きな問題なのだから、円安が止まらなければ、経済状況が悪くなる」との考えを抱く人が多いのだろう。

前章で批判的に取り上げたが、円安＝日本経済停滞の象徴などの見方を伝える報道がメディアでも目立ち、大幅な円安が日本の経済成長を停滞させているなどという的外れな見方も散見される。

最近の円安はいわゆる「悪い円安」と位置付けられるのだろうか。第4章ではそういった議論に対する筆者の意見を述べたが、それでも、「円安悪玉論」を抱く読者は多くいるのではないか。

本章では、いかに円安が日本経済にとって大きな効果を生んでいるかを検証していきたい。円安こそは、日本人を再び豊かにする処方箋《しょほうせん》となる可能性が高いと筆者は考えている。

大規模な金融緩和、アベノミクスの功罪

円安の効果について述べる際、アベノミクスについて触れないわけにはいかないだろう。日本が円安の恩恵を受け、再び復活に向けての一歩を踏み出したきっかけは、間違いなく第2次安倍政権による「大規模な金融緩和」であった事実を否定することは難しいだろう。

第2章で述べた2012年前半までの円高と、長く続いたデフレによって、生活が苦しくなった多くの人たちが豊かな生活を取り戻すための手立てとして、第2次安倍政権が繰り出した経済政策がアベノミクスであった。具体的には「3本の矢」であり、「大胆な金融緩和政策」「機動的な財政政策」「成長戦略」だが、マーケットは、その中でも、

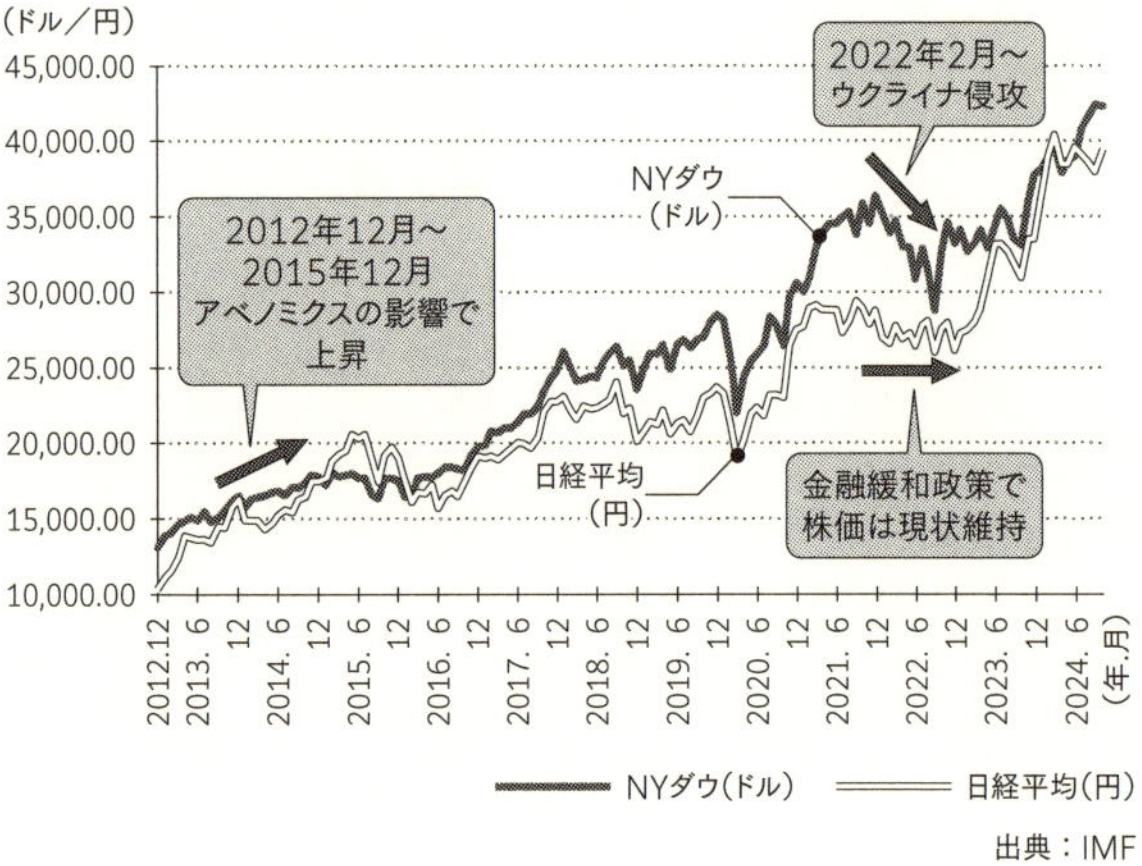

図表36　第2次安倍内閣発足後の日米株価の推移

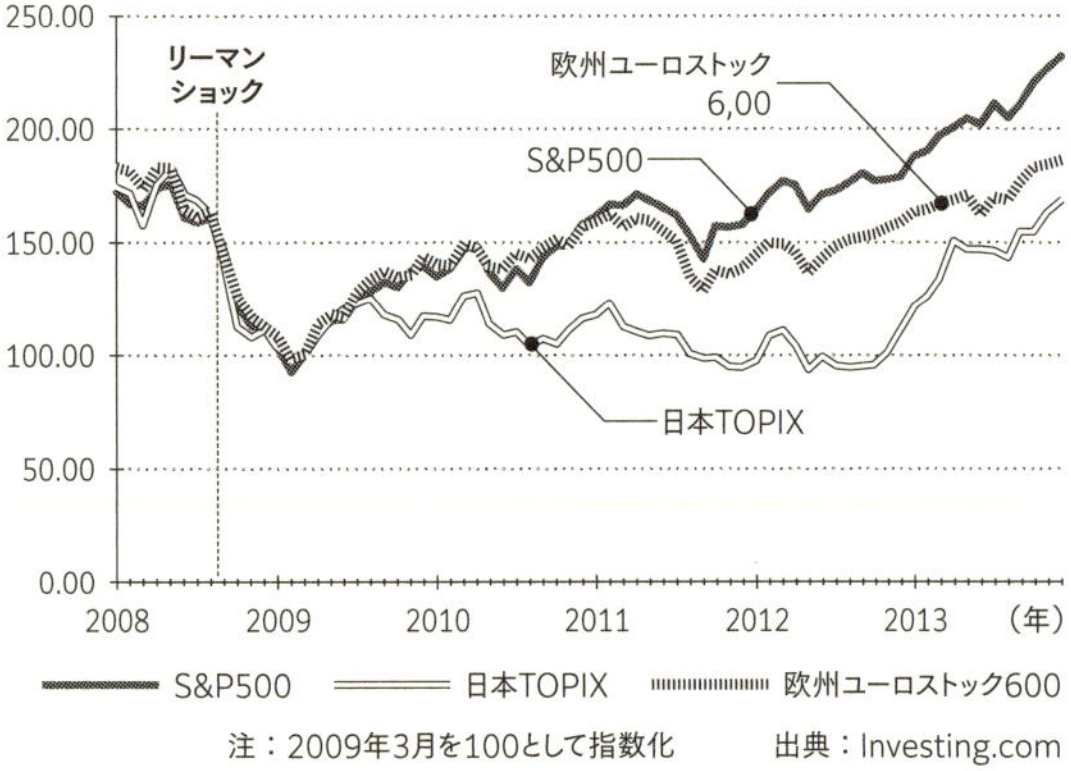

図表37　リーマン・ショック以降の株価の上昇率

日本銀行の金融緩和策の強化に大きな反応を示した。

2012年11月に8000円台にあった日経平均株価は1年で約70%も上昇した。その後の12年間の推移を見ても、ほぼ、米国株の動きと連動して上昇が続いている（図表36）。

▼日本株は米国株に追いついただけ

2009年から2012年までの日本株は、惨憺《さんたん》たるものであった。2008年秋にリーマン・ショックがあったわけだが、そこから半年後の2009年春を起点とした5年間の先進国の株式市場の動向を見てみよう（図表37）。

このとき、日本株は2012年11月からの1年間で見れば歴史的な上昇を示したが、それは過去1年というタイムスパンだけで見た話である。米国株を見ると、2009年3月を底に約5年間上昇相場が続き、リーマン・ショック前の株価を超え、13年には2・7倍以上にもなっている。欧州株は米国株ほど上昇してはいないが、それでも、日本株は米欧株市場の上昇に追随できなかった。

それが、アベノミクスによる大胆な金融政策をきっかけに、過去5年で見たときの出遅れを取り戻すきっかけを作ったのだ。

米国株と日本株を単純に比べるのは、いかがなものかと感じる方がいるかもしれないが、1998年~2008年の10年でみると、両者はほぼ連動して動いていた。

2009年から12年の後半までのように、米国株などに日本株が全くついていけない状況が特異であったのは、図表36の2012年からの12年間の株価の推移を見ていただいても自明の理であろう。

当時、世界的な株高局面であったにもかかわらず、日本株がほとんど上昇しなかった理由は、日本の経済状況に対する「投資家の強い悲観」があったからだ。

日本では、「デフレ」という異常な経済状況が永続するという「期待」が強かったので、将来の成長期待を映す株価も上がらないと当時は多くの投資家が考えたのである。

▼日本へのデフレ期待が円高と株安をもたらした

なぜ、そのようなことが起きたかについては、すでに第2章で詳しく述べたとおり、米国と日本の金融政策の違いがもたらしていた。米FRBがQ1、Q2、Q3と金融緩和強化策を続ける中、日本の金融緩和策は小出しで繰り出され、また効果がほとんど表れない対応に終始していた。

それが、アベノミクスの第1の矢として、安倍首相が金融緩和強化による脱デフレをはっきり目指したことで、２０１３年４月に黒田前総裁率いる日銀による「異次元金融緩和」が実現。第1章でも述べたように、大胆な金融政策により、当時まだ金融緩和をしていた米国とのマネタリーベースの差が縮小し、為替は円安に反転。株高が始まったのだ。

あれから12年。

「脱デフレ」と「経済の正常化」にこれほどの時間を要するとは誰もが予想だにしなかったが、アベノミクスが発動されたことで、円安への反転が始まり、日本経済は大きく復活に向けての舵《かじ》を切ったのは間違いないのである。

▼円安は対外的な価格競争力を強化している

ここで話を現在の円安に戻して検証を続けよう。

2024年の1ドル＝150円台での推移は、IMF（国際通貨基金）が算出するドル円の購買力平価（1ドル＝約90円）からみると、40％以上も割安である。

確かに輸入企業などからみれば、円の購買力が40％目減りしているが、同時に、日本企業が供給する製品やサービスが40％以上割安であり、価格競争力が高まっていることになる。

これが円安の第一の効果である。

大幅な円安が日本の企業利益を過去最高水準に押し上げるだけではなく、結果として、日本企業の対外的な価格競争力を強めている。企業の輸出競争力とは、他国のライバル企業よりも、同じ種類の似た製品をどれだけ安く提供できるかという、その度合いのことを指す。

円安になって輸出企業の利益が増えるということは、裏を返せば日本から輸出する商品をドルなどの外貨ベースで「他国よりも安く」輸出することができるようになるということである。

わかりやすい例でいえば、パナソニックが1台1000ドルの大型液晶テレビをアメリカに輸出するケースで考えてみる。1ドル＝110円から1ドル＝150円へと円安が進めば、11万円の売上だったテレビは15万円の売上となり、4万円売上が増える。

この際、パナソニックは、増収分をそのまま利益にするのではなく、値下げ分に当てて、ドル建ての販売価格を1000ドルから800ドルに引き下げる、という戦略を選ぶこともできる。

▼輸出企業にはJカーブ効果の期待も

これによってパナソニックは、他国の競合企業との輸出競争において、価格面で優位に立ち、より多くの個数、製品を海外に輸出できるようになる。そして、このことは、例にあげたパナソニックに限らず、日本の輸出企業全体にもあてはまるのである。

また、円安という局面では、為替の変動で輸出競争力が変わり、それが1年程度のタイムラグを経て輸出の荷動きに影響することは、「Jカーブ効果」と言われている。

Jカーブ効果とは、為替レートが円安となると当初は貿易収支の赤字が増えるが、それが一定期間を経過すると今度は貿易黒字が増える（＝貿易赤字が減る＝J字型を描く）という原理である。

▼ストック効果が経済活動を刺激

円安の価格効果（＝価格競争力の高まり）に加えて、通貨安によって海外現地での売上が円ベースで膨らむため、多くの企業は売上・利益が増える。特に、海外市場に展開できる自らの技術力、ノウハウを有する企業ほど、円安によって売上が膨らむ恩恵を受けることになる。

これが円安の第二の効果である。

日本は2023年末時点で471兆3061億円の対外純資産を保有しており、33年連続で世界最大の「純債権国」となっている。これは、日本政府や国内の企業、個人が海外に保有する「対外資産（対外債権）」から、海外の投資家や企業からの投資や借り入れといった「対外負債」を差し引いたものを指す。

対外債権をもう少し具体的にいえば、企業が海外に保有している工場や店舗などの資産や、銀行や生命保険会社や政府が保有しているアメリカ国債などの金融資産といえば、

図表38　**対外純資産の推移**

わかりやすいだろう。

これについて、再びパナソニックの大型液晶テレビのケースを取り上げよう。

同社がアメリカの現地工場において、1台1000ドルの大型液晶テレビを生産し、現地で売上を上げたとする。現地工場におけるドル建ての売上は、日本企業の場合、最終的には円換算したうえで計上される。だから1ドル110円だと、売上は1台11万円、1ドル150円と40円円安になると、15万円となるわけだ。

とりわけ自動車産業のように、欧米アジアなどに多くの工場を持ち、現地生産を広げている製造業にとってみれば、円安が進むと、現地におけるドルベースでの売上や利益が円ベースで相当膨らむことになる。

これは、製造業に限ったことではなく、ユニクロなどの大型小売店やコンビニエンスストアなどの非製造業の海外進出でも同じように円ベースでの売上が膨らむことになる。

企業部門のフローの売上・利益が増えるだけではなく、外貨建てで保有している実物・金融資産の円ベースの価値が通貨安に伴い増えると、企業のバランスシートが健全になる。企業の財務がより健全になるストック効果によって、企業はリスクをとって設備投資などのリスクテイクがしやすくなるので、経済成長率が高まることになる。

▼輸出産業に限らずインバウンド効果で国内にも恩恵

主要な輸出産業である自動車などの大手製造業はもちろんだが、インバウンド需要に対応するサービス・小売などの業界でも、国際的な価格競争力が高まり、恩恵を受けている。

これが円安の第三の効果である。

2024年に訪日観光客数が、コロナ禍前の水準を超えて大きく伸びている。日本政

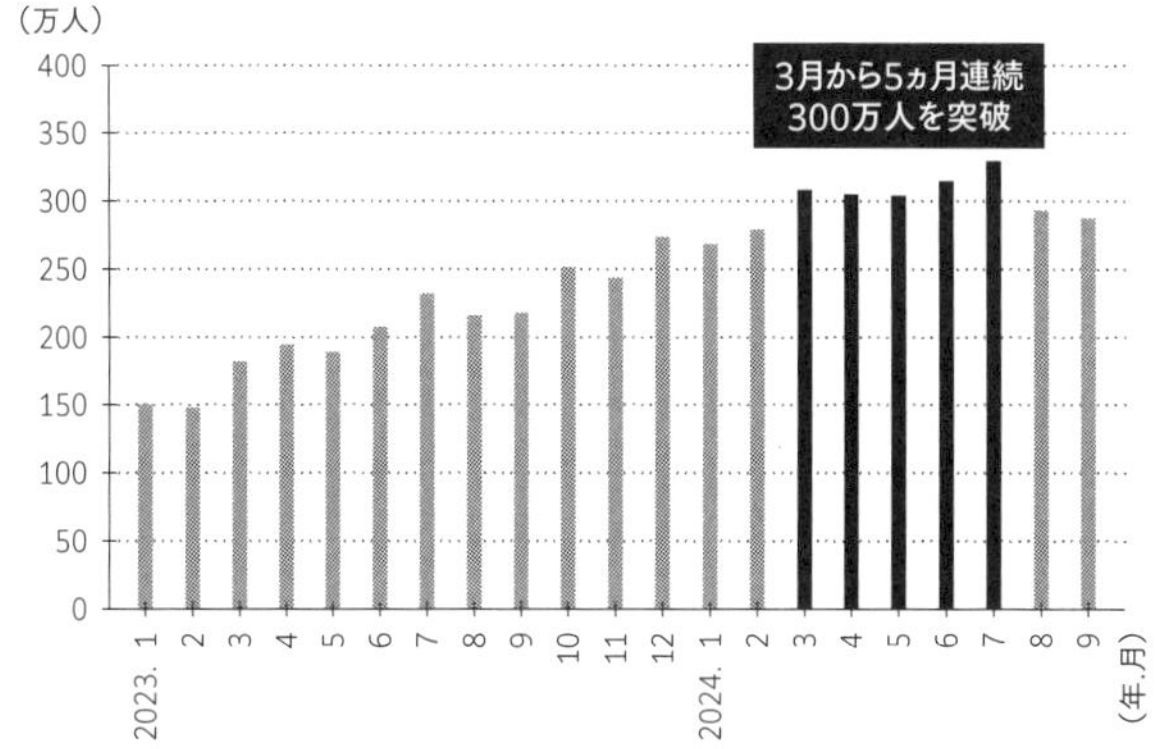

出典：日本政府観光局

図表39　2024年は年間300万人ペースの訪日客

府観光局が公表する訪日客数は、24年3月に単月として初めて300万人を突破し、7月まで5カ月連続300万人を記録した。

1人当たりの消費単価も、2019年に比べて23年は31%増加、平均宿泊日数が6・2泊から6・9泊に長くなっている。

この増加の一因は、大幅な円安によって日本のサービス業の価格競争力が高まっていることが影響している。割安感がインバウンド消費を大きく拡大させているといえるだろう。この結果、たとえば、日本百貨店協会が2024年1～7月累計の免税売上高は3978億円と、2023年の年間売上高（3484億円）をすでに超えている。

ちなみに、円高が行きすぎると、地方の地場産業や観光業に深刻な打撃を与える。円高が起こる以前と比べると、輸入品の価格が安くなり、日本の消費者が国内産の食料品や洋服や家電などを買い控え、海外からの輸入品の消費を選択してしまう。国内旅行でなく海外旅行に行く、という人も増えるだろう。

つまり、行きすぎた円高は、海外からの輸入品と競争している日本の漁業や酪農業、地方の地場産業や観光業など（＝輸入品競合産業）の利益を奪うのである。

▼円安によって企業利益は膨らみ、株高をもたらす

2024年半ばまで企業利益は順調な増益が続いている。2023年以降の経済成長率にブレーキがかかる中で、円安による利益押し上げで、企業の利益拡大が続いている。円安の企業利益押し上げが大きいことは、株式市場の値動きからも明らかである。

これが円安の第四の効果である。

円安になり、企業業績が高まって株価が上がるというメカニズムは明らかである。海外投資家にとっても日本株投資の魅力が高まる。双方の経路が強く働いているため、ド

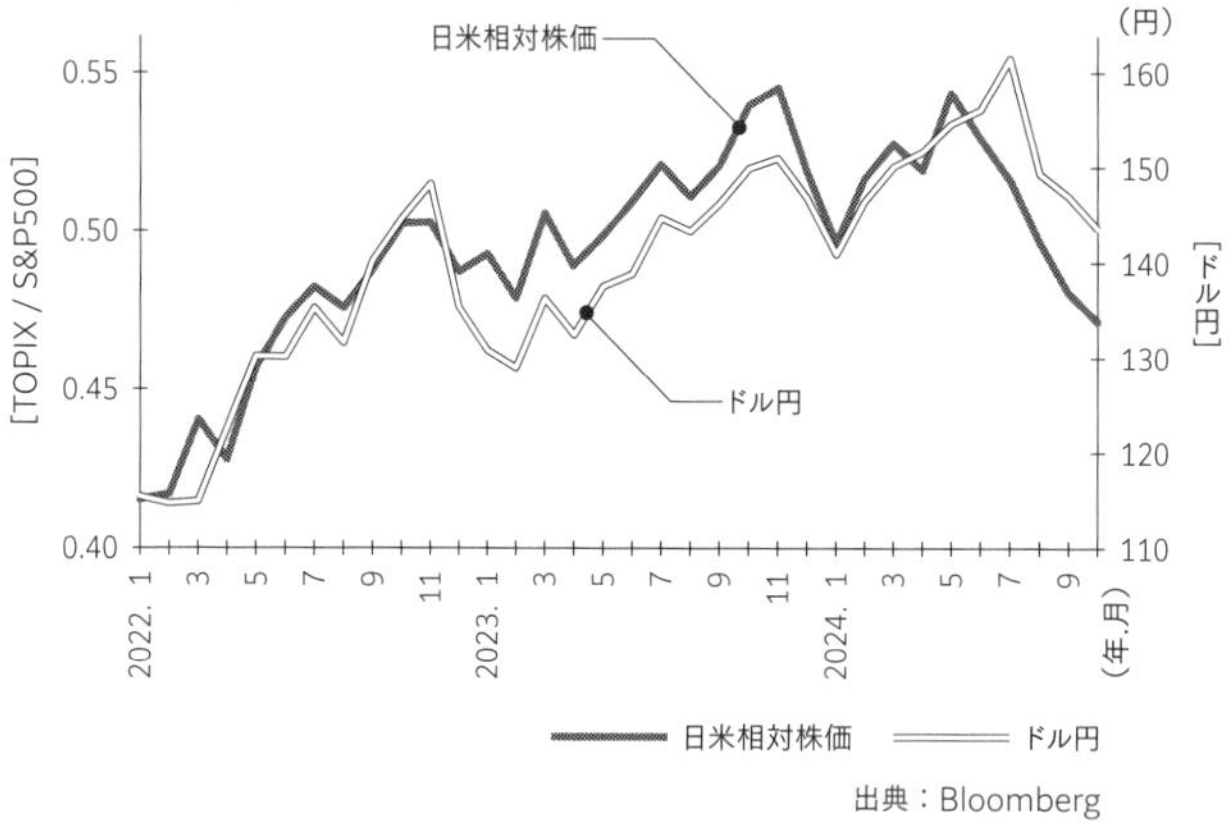

図表40　**日米相対株価 vs. ドル円**

ル高円安が日本株高を後押ししているのは間違いない。

ドル円と日米相対株価（TOPIX／S&P500）は2022年以降もはっきり連動している。円安が続いたことで、企業の利益が押し上げられる効果は株式市場において意識されているということだ。円安が株高をもたらすことで金融資産が増える経路でも、経済活動を刺激している。

▼米中覇権争いの中で重要性増す日本

グローバルな視点から見ても、米中覇権争いがある中で日本の立ち位置というのは、特にアメリカから、極めてバックアップを受けやすいという点も見逃せない。日本には、アメリカとともに、アメリカと同じように経済成長していくという期待が改めて高まっているのだ。

海外投資家も、そうした点にはもちろん注目しているであろう。

今、どこに投資するべきかという観点で、2010年頃までは中国で高成長が続き、近い将来米国に追いつくかもしれないとの期待が、金融市場では高まっていた。しかし、中国経済が2010年台から停滞が長引いているため、局面は大きく変化しており、投資先の優先順位は完全に日本に変わりつつあるといえる。

もちろん、アジアの中では、中国の代わりに、高成長が続くインドへの期待も高まっているが、まだ未成熟市場でもあり、覇権国アメリカとの関係が強い先進国の一角ということもあり、消去法的に日本への投資に魅力が高まる。

また、米中が覇権国として対峙《たいじ》する中で、日本の重要性が増しているというのが、この10年の最大の変化といえるだろう。

▼製造業の国内回帰が始まっている

経済活動を刺激するという意味で注目できるのは、製造業の国内回帰だろう。海外の人件費や物流費の高騰もあり、むしろ、日本国内で製造したほうが、コスト競争力が高まると判断する企業が出てきているのだ。

これが円安の第五の効果である。

これまで中国をはじめ人件費の安い東アジアへ工場を移転したり、製造委託するのが一般的な流れだったが、逆に、一部の日本企業や外資系企業が日本国内に拠点を設ける動きに変わってきているのだ。

その象徴的な動きが、半導体大手の台湾積体電路製造（TSMC）が熊本県に半導体工場を建設し、2024年末にいよいよ量産出荷を始める。

コスト管理の厳しさで有名な同社だが、日本の技術力の高さ、地政学的リスクという面から進出したことが大きい。さらに、円安により「日本の人件費が他国に比べて安くなり、国際的な価格競争力が高まった」のもTSMCの日本への投資をもたらしただろう。TSMCの半導体工場誘致が呼び水となり、熊本を中心に九州では関連する産業の工場の新設などが増えている。

このまま円安が長期化すれば、日本への生産拠点の回帰がさらに促されていくだろう。それは経済安全保障の観点で望ましいし、日本においてモノづくりの競争力そのものが高まる。生産現場を国内に置くことは、イノベーションを促すという観点からも望ましい。

工場新設などの建設投資に加えて、一部の人手不足を補うための省力化投資など、増え続ける利益との見合いでは、日本企業の設備投資は２０２４年時点でも抑制気味なままである。そうした中で、円安が国内向けの企業の設備投資を後押しする効果は大きい。

かつてアメリカの背中を追って経済成長していた40年前のような輝きを、日本経済が取り戻しても不思議ではない。

▼円安の弊害——家計の実質所得減少をどう考えるか？

円安の弊害として挙げられるのは、家計の実質所得を低下させる要因になっている点である。企業のように自らの販売価格を上昇させられず、賃上げが遅れる中で、円安が生活必需品の値上げをもたらすため、家計全体では実質所得、消費支出にもブレーキがかかる。

実際に、実質賃金は2024年半ばまでマイナスでの推移が続いていた。24年の春闘で1991年以来の賃上げが波及して、ようやく実質賃金は24年7月からプラスに転じつつあるとみられるが、それ以前までは円安によって家計の消費にブレーキをかける要因になっていた。

円安による企業への追い風、家計への逆風の双方を踏まえて、後者が大きいため大幅な円安は日本経済の成長率を押し下げているという主張がある。特に、限界消費性向が高い低所得世帯の消費行動が円安による実質所得の押し下げで抑制しているため、消費が停滞して経済成長が停滞している点が強調されている。

ただ、先述したとおり24年半ばから名目ベースで3％を超える賃上げが始まったのだが、この賃上げの源泉は、昨年までの企業の利益の拡大である。

家計部門にまで円安の正の効果が及ぶにはタイムラグが必要だが、時間が経過すれば円安による価格上昇は、賃上げを通じて家計所得、消費にもプラスに影響する。

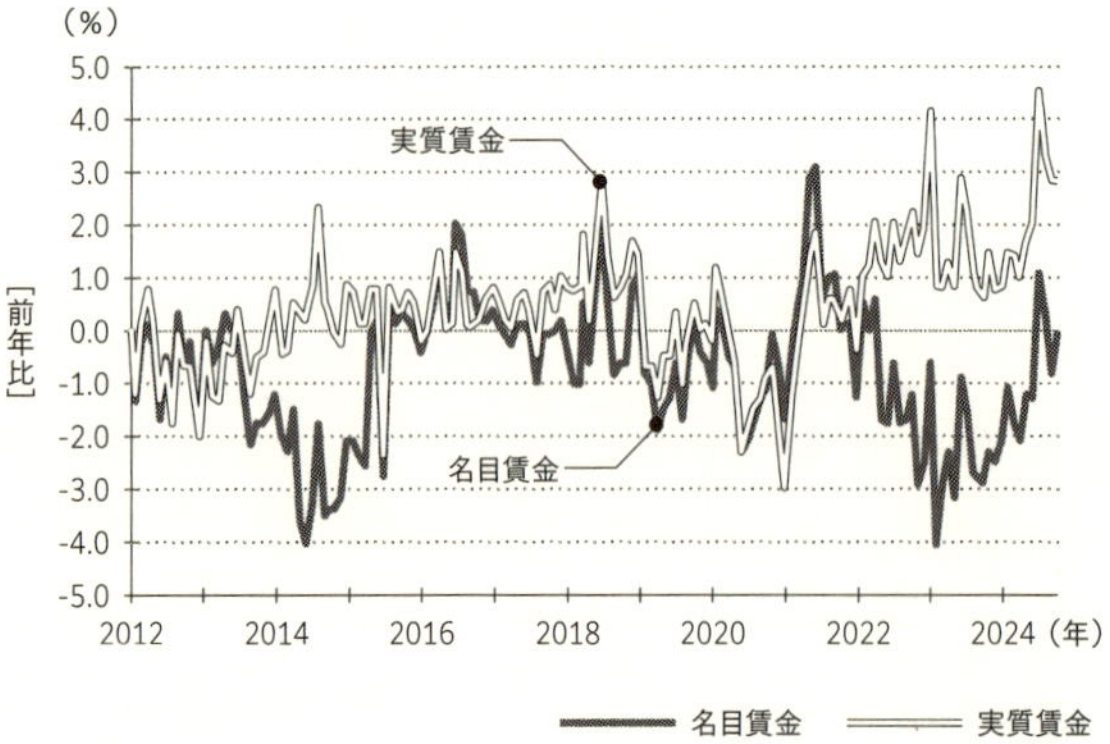

出典：厚生労働省

図表41　**名目賃金と実質賃金**

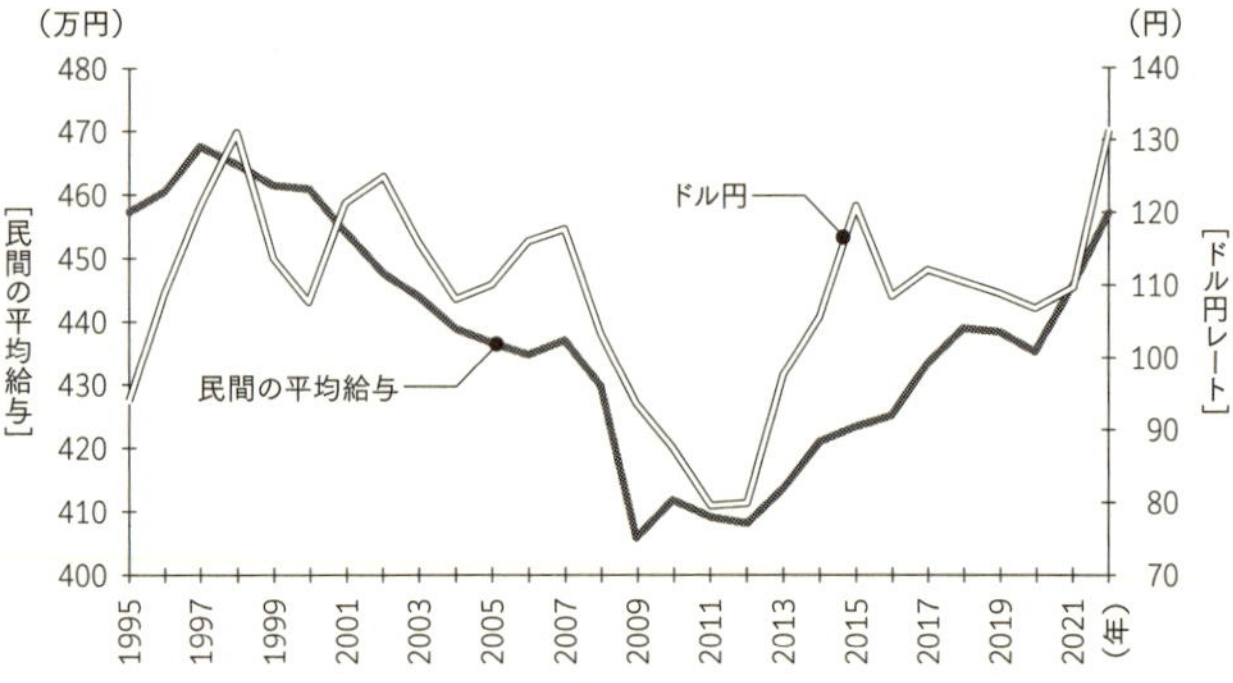

出典：国税庁「民間給与実態統計調査結果」・
FRB「Foreign Exchange Rates」

図表42　**民間の平均給与とドル円レートの推移**

これが円安の第六の効果である。

2023年までは企業が賃上げに及び腰であることがネックになっているが、円安が長期化したことで企業が抱いていたデフレ予想が和らぎ、企業の価格転嫁、賃上げが起き始めたわけだ。円安効果が、給与上昇へのトリガーになっているのは、右ページの図表42を見ても明らかである。

▼税収は4年連続で過去最高。遅れた国民への還元

次ページの図表43は一般会計税収とドル円の為替レートの推移を比較できるよう年ごとにグラフ化したものだ。

2007年は円ドルレートが114・2円で税収が51兆円、2011年は円ドルレートが79円、税収が42・8兆円と円高と税収減が連動している。2023年はどうかというと、円ドルレートが140・5円、税収が72・1兆円と4年連続で過去最高を更新した。

これは、円安が進み、輸出企業を中心に業績が好調だったことから法人税の税収がアップしたためだ。

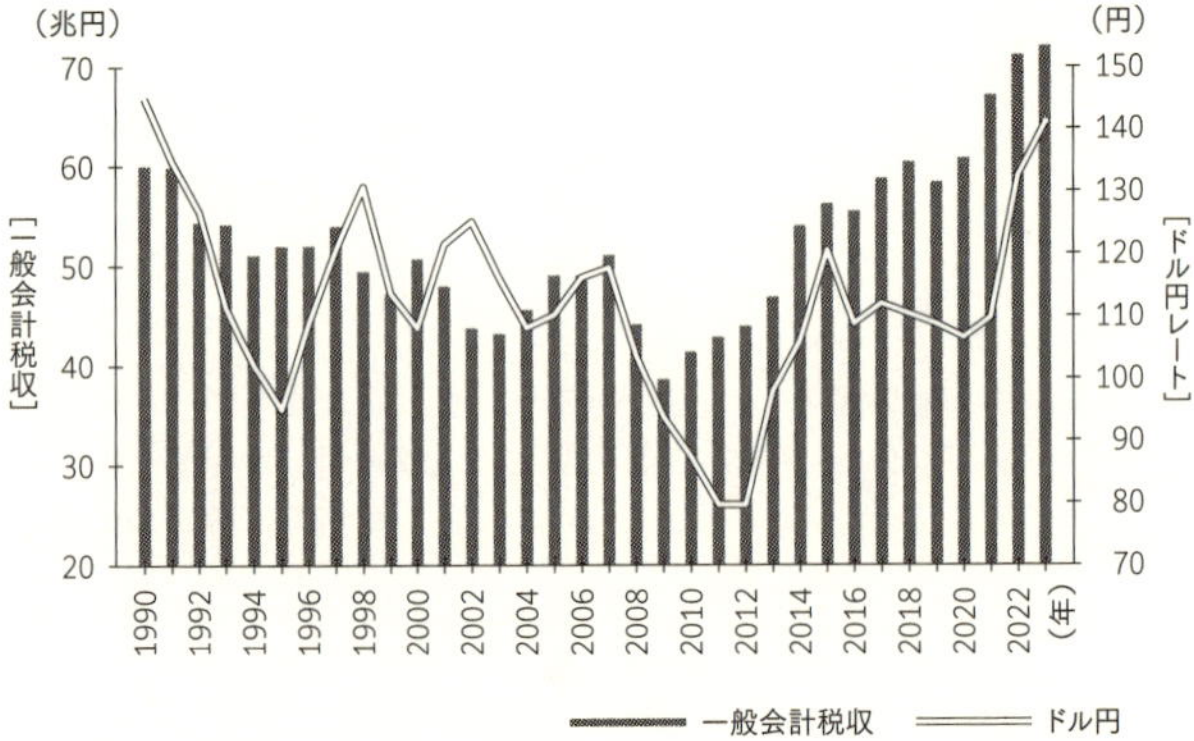

出典：財務省「税収に関する資料」・FRB「Foreign Exchange Rates」

図表43　**一般会計税収と為替レートの推移**

これが円安の第七の効果である。

企業の業績が改善すれば、当然、それに連動して法人税収が増える。

当然の結果ではあるが、残念なのは、増えた税収の使い道だ。実質賃金がマイナス、家計の負担が大きい中で、剰余金などは２０２３年のうちに直ちに国民に戻されるべきだった。

しかし、増収分が適切な政府支出に回されることがなく、多くが国債償還などに使われてしまった。インフレによって税収増加と同時に、減税や給付金などの形で家計に幅広く還元されていれば、23年半ばから続く日本経済の足踏み状態はもう少し早く是正されていたはずだ。

2024年6月から定額減税が実施されたが、「時遅し」というのが筆者の判断である。せっかく、円安効果で政府予算に余裕が出たところで、その使い方を間違えて、適切な財政政策が行われなかったことが、岸田政権に対する国民の支持が高まらなかった最大の要因だろう。

▼円安によって国内雇用が増加、賃金アップも

結局、本稿執筆時の2024年まで継続している円安が日本経済全体にプラスかマイナスかは、経済が完全雇用であるか、(同じ意味だが)マクロ経済の需給バランスが均衡しているか否かに依存する。

2024年時点で失業率は2%台半ばで推移しているが、日本にはまだ、失業や非正規雇用などで経済的に充足されていない労働力が存在する。

円安によって国内で生産される財・サービスに対する需要が増えれば、それは雇用増加をもたらし、国内での消費を増やすことになる。消費、設備投資が増えるためには、

より低い実質金利、円安であるほうが望ましい。
仮に、これ以上余剰労働力がなくなり、失業率が2％を下回るまで低下すれば、円安が景気刺激的に作用しても、実質成長率は高まらずにインフレ率を高めるだけであり、これは望ましくないので「悪い円安」ということになる。

失業率は2020年から、2％台半ばで安定して推移する中で、人手不足に直面する企業の声がよく聞かれるので、すでに完全雇用の状況にあるとの見方もある。ただ、コロナ前の2017年には失業率は2％付近まで改善していたのだから、労働市場の需給はさらにひっ迫する余地があるので、完全雇用に至っていないといっていいだろう。

また、内閣府や日銀が試算している需給ギャップはいずれもマイナスで推移しており、2018年以降ほぼ需要超過に転じていない。需給ギャップとは、一国の総需要と総供給の差を示すもので、「実質GDP（総需要）— 潜在GDP（総供給）÷ 潜在GDP（総供給）」で算出できる。

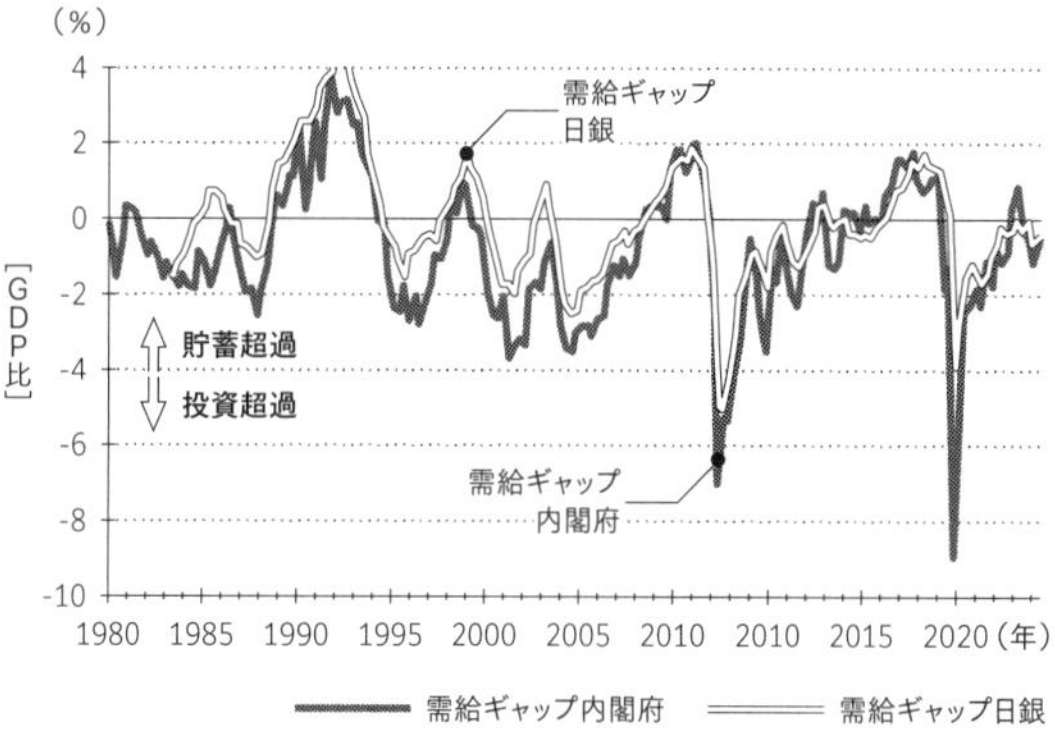

出典：日本銀行・内閣府

図表44　**需給ギャップ**

需給ギャップがプラスになれば、需給が圧迫され、失業率は低下（改善）して、インフレ圧力が高まる。しかし、2024年時点の日本はいまだに、需給ギャップはマイナスのままだ。このため、政府は「脱デフレ宣言」は出していない。

需給ギャップには推計誤差が存在するので議論が分かれる点ではあるが、総じてみれば日本経済は需給ギャップがマイナスであり需要不足である。こうした中で、人手不足が顕著な建設業やサービス業などの一部セクターを除けば、供給制約によって経済成長が抑制されているという事実はないだろう。2024年時点では、日本経済全体でみれば、金融緩和や円安で成長率が高まる余地はまだまだ大きい。

なお、アベノミクスが発動された２０１４年頃から、日本では「人手不足」と言われ続けていたのだが、これは企業経営者の実感を伝えているだけであり、経済全体で見ると人手不足というわけではなかった。人手不足であれば、賃金が上昇しているはずだが、実際に賃金が３％を超えて上昇したのは２０２４年である。そのことは、図表41（↓150ページ）を見ていただければ明らかである。

人手不足が長期化すれば、より高い賃金を提供する生産性の高い企業への転職などの前向きな動きが強まる。リシャッフル効果によって新陳代謝が進み、生産性上昇率が改善する中で、２０２４年にようやく実質賃金が上昇し始めたと言える。

大幅な円安が定着して「真の人手不足」が訪れることで、日本経済の生産性が高まるのである。

▼円高とデフレの先に日本に起きた悲惨な現実

ここで、図表45をご覧いただきたい。見事なほど、デフレになると失業率、特に20代

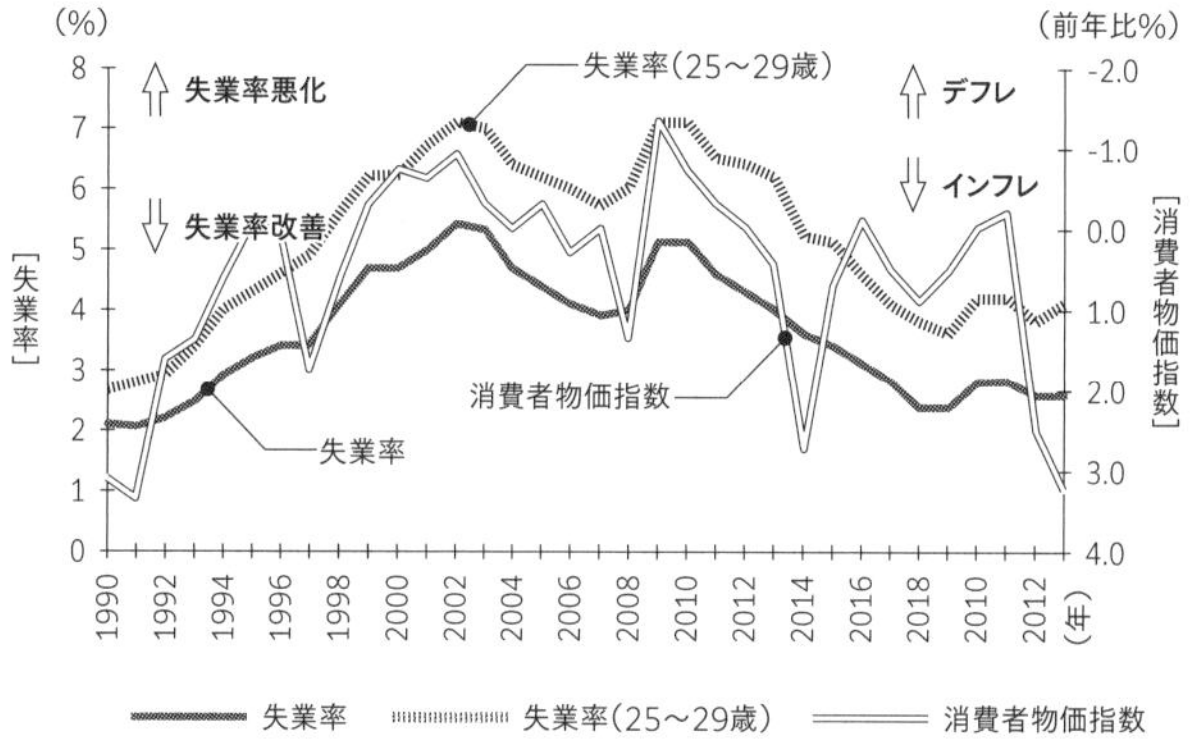

注：2008、2014年は消費増税

出典：内閣府

図表45　失業者と消費者物価指数

の失業率が上がり、インフレになるにつれ、失業率が下がっていくことがわかるだろう。

このグラフから浮き彫りになってくるのは、行きすぎた円高の発生、デフレと経済停滞が長引いたことで、町工場の親父《おやじ》さんたちが泣く泣く工場を手放してきた現実である。そして、その工場で働いていた人たちも大勢職を失ったであろうということが透けて見えるということだ。

90年代まで世界で絶賛されていたパナソニックやシャープ、ソニーなどの家電産業も、円高によって国内製造から撤退し、海外へと製造拠点を移していった。場合によっては事業自体を縮小し、そのあおりを受けて、これらの大企業の下請けも続々と倒産していった。

就職氷河期といわれるなか、せっかくこれらの会社に就職が決まっていたのに、泣く泣くあきらめざるをえなかった若者たちもたくさんいたことだろう。

経済学で説明されているその数値の先に、人々の日々の生活が確かに息づいている。1990年前後のバブル崩壊後の、日本銀行や政府の緊縮的な財政政策の失政は、多くの国民を不幸にしてきたという事実を、われわれは決して忘れてはならない。

円高により輸出産業の価格競争力はどんどん低下し、辛うじて生き残っている企業も過酷なまでにコストの削減を強いられている。そのしわ寄せはどこに向かったかというと、賃金の下落である。日本のものづくりに携わる人々が、サービス残業も厭《いと》わず、日々歯をくいしばりながら品質向上に努めてきたのだ。

しかし、こうした円高による耐え忍ぶ日々が去り、10年の歳月を経て、やっと、賃金上昇の芽が見え、コスト削減のみで耐え忍ぶ悪しき企業努力の時代は去りつつあると筆者は期待を込めて考えている。

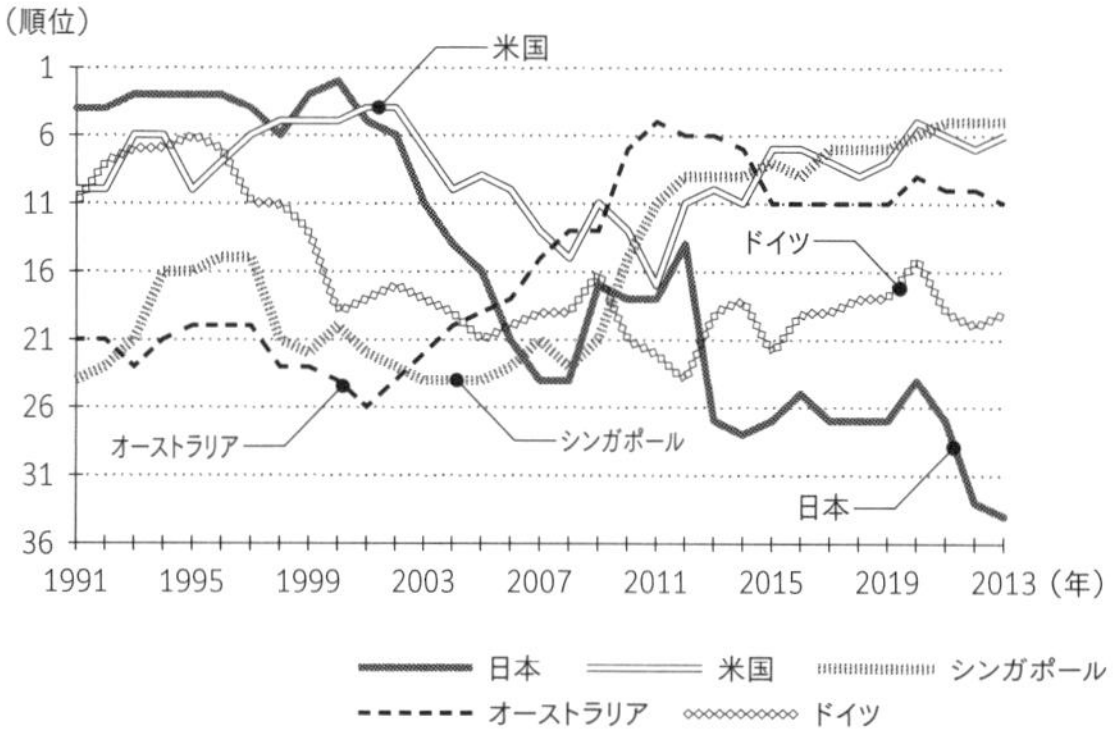

出典：GLOBAL NOTE

図表46　豊かな国ランキング（1人当たりのGDP）

▼再度、「豊かな国」になるチャンスが巡ってきた

もうひとつ見ていただきたいグラフがある。1人当たり名目GDPのランキングを1991年から並べてみたものである。便宜的に、日本、米国、ドイツに、シンガポール、オーストラリアを加えた5か国を比較したものだ。

1990年代の日本は実は全世界でトップ5に入る数値だった。日本が数値を落としていくのと逆相関するかのように数値を上げているのが、シンガポールとオーストラリアだ。この2国は早くから適切な金融政策を実施し、一国の経済をコントロールしてきた国である。

リーマン・ショック後の日米独の名目GDPは、米国は大きく伸び、ドイツはなんとか成長路線を維持したが、日本が景気動向を大きく低下させたのは、今まで述べてきたとおりである。まさに、日本はリーマン・ショックによって最も被害を受けた国のひとつなのだ。

名目GDPが増えていないということは、国民一人ひとりにあてはめてみると、個々の収入が全く増えていないということを示す。実際、日本人の平均給与は1割以上も減り、約400万円を下回る寸前まで落ち込んだのだ。

なぜこうなってしまったのかは、自明の理だ。デフレと同時に、まさに行きすぎた円高が起きたためである。「デフレ下で起きる円高は日本全体にとって明確に悪」であることが如実にわかるデータだ。

▼円安が日本社会に与えたポジティブな効果

こう見ていくと、2022年以降の通貨安は日本経済全体にとって、いかにプラスの影響が大きかったかは明確だろう。

製造業の生産指数は2022年から総じて横ばいで推移しているが、円安で円ベースの売上が増えたので、日本企業の利益の増加基調は崩れていない。円安が進んでいなければ、製造業の利益は2022年度には減益に転じていただろう。

経済が過熱してインフレが高まりすぎる状況になれば、通貨安は、弊害の方が大きくなる。ただ、日本でも物価高が続いているが、高インフレ抑制に必死な米欧などと比べれば、食料品など偏在的な物価高で説明できる日本のインフレ率は安定している。

また、賃上げ率がこの春に約30年ぶりの水準に高まるなど、多くの企業で長年続いたデフレが終わる世界を見据えた動きが始まった。インフレと賃金の双方が上昇するというのは、普通の国なら通常起こることだが、日本では長年見られなかった経済正常化の動きである。

日本で起きた食料品やガソリンなどに偏った価格上昇は、2022年からの円安が後押しした。企業は、従業員の実質所得の目減りを補う必要に迫られ、23年から本格的な賃上げが始まった側面がある。この意味で、賃上げに踏み切れなかった企業行動を変えたきっかけのひとつになったことも、円安のポジティブな効果と言えるだろう。

▼日本経済は、デフレを伴う長期停滞から抜け出しつつある！

2％インフレの持続的な実現を目指す政府にとっても、2022年からの円安は、変動率が大きかった一時期を除けば、追い風と位置付けられる。

ドル高円安基調は1年半にわたって続いているが、急ピッチな金融引き締め下にあっても米国経済が急失速せずに、政策金利の高止まりが続く可能性が高まっていることが一番の要因である。

経済とインフレのバランスを取るFRB（米連邦準備制度理事会）の金融政策運営が、総じてうまくいっていることが大きい。

加えて、インフレ目標実現を見据えて、慎重に緩和解除を進める日本銀行の対応が続いたことも円安を後押しした。米国など海外から外的なインフレ圧力を取り込んだことで、日本経済は、デフレを伴う長期停滞から抜け出しつつあると言える。

これまでの円安は「衰退日本の象徴」というよりは、途上にある日本経済の正常化を後押しする、最後の一押しであると位置付けられるだろう。今後は、米国の利上げが最終局面に入る中で、急ピッチな円高転換を回避できるかどうかが、日本にとって大きな課題になるのではないか。

一部論者は、日本の公的債務が問題となり、円安とインフレの悪循環が起きる将来を懸念している。今起きている円安を、公的債務危機の予兆とみなしているのかもしれない。これまで、日本での「いわゆる財政問題」は長年メディアや経済学者などが指摘してきたが、懸念される状況に至ってこなかった。

実際に、コロナ禍後の経済停滞局面でも、日本の税収が過去最高で増え続けていることは、たびたび報じられている。日本は、コロナ対応で大規模な予算を講じて対応したとされるが、日本の財政赤字はコロナ禍による経済活動抑制が続いていた2021年度以降順調に減少している。

日本銀行のデータから財政赤字の規模を試算すると、23年1−3月時点の財政赤字（対GDP比率）は、GDP比3・5％程度である。21年度から約2年間で、日本の財政収支はGDP比率約6％（30兆円規模）改善していると試算される。

▼円安は財政赤字を縮小させている実情を認識すべき

コロナ禍以降財政赤字は着実に減少しているが、財政収支の改善は、円安が進み経済活動が安定して、名目経済成長率の拡大が続いて税収が増えたことで、多くの部分が説明できる。

つまり、円安は財政赤字を縮小させて、公的債務の状況を安定させているのが実情である。一部論者が懸念する、「円安とインフレの悪循環」が、日本の財政状況を悪化させるというのは的外れな懸念だろう。

仮に再び円高が到来する、あるいは石破政権が性急に増税を始めれば、脱デフレが頓《とん》挫《ざ》して日本の税収増が止まる。そうなれば、改善していた財政収支は再び悪化し始める可能性が高い。日本の公的債務の状況を懸念する論者は、円安ではなく「円高への反転」を心配した方がよいのである。

おわりに

筆者は金融機関に所属するエコノミストとして、約30年にわたり金融市場に向き合ってきた。

2000年代半ばには、ゴールドマン・サックス証券においてエコノミストをしていたが、当時の同僚には、後にニューヨーク連銀議長になるウィリアム・ダドリー（愛称はビル）、英中銀副総裁になったベン・ブロードベントなどがいた。彼らと毎週経済、金融市場について、あれこれ議論したことはとても刺激的だった。

また、日本に投資する多くの海外投資家ともディスカッションしたが、当時の日本経済がデフレという深刻な状況から抜け出せるか否かに多くの投資家が関心を持っていた。

これらの議論の多くは、標準的な経済理論が前提になっていた。

一方で、日本では２０１０年頃には「人口減によってデフレになる」といったトンデモ議論が流行るなど、「経済学に基づかないガラパゴス議論」が、メディアや金融市場で蔓延していた。

そして、２０１１年には、東日本大震災の悲劇に見舞われ、日本経済が永遠に停滞する諦めに近い雰囲気があった。同時に、日本銀行の金融緩和が不十分だったため、行き過ぎた円高とデフレに日本経済は苦しんでいた。

アベノミクスが発動される直前の２０１３年初に執筆した著作『日本人はなぜ貧乏になったか』において、筆者は、日本銀行の金融緩和が不十分であることがデフレと経済停滞をもたらしていると論じた。そして、第2次安部政権による政策転換によって日本経済や日本株市場は正常化するだろうと予想した。

あれから10年以上が経過した。

アベノミクスが日本の金融市場の姿を大きく変えたのは事実だが、筆者が予想していたほどスムーズには、２％インフレが定着して日本経済が正常化するには至らなかった。

安倍元首相の意向に反していたが、2014年、2019年の2回にわたり消費増税が行われるなど、いわゆる「第二の矢」が逆噴射となり脱デフレを阻害したためである。安倍政権でも、標準的な経済理論の教え通りの財政政策は実現しなかった。

ただ、標準的な経済学を理解している黒田前日銀総裁が金融緩和を強化したおかげで、デフレが和らぎ、雇用者数が増え続けたので、2012年以前のような「悪夢の日本経済」に戻ることはなかった。就職氷河期やブラック企業という言葉は、ほとんど聞かれなくなった。

そして、2024年には名目賃金が約3%と、1990年初頭以来の伸びまで回復するに至り、脱デフレ完遂はかなり近づいている。

本書で述べたように、2022年から続く大幅な円安は、日銀の金融緩和で起きたのだから必然の値動きであり、日本経済の正常化を後押しする前向きな事象だと筆者は常々考えている。

一方、経済官僚を主たる取材先とするオールドメディア、標準的な経済学に無理解な市場関係者などは、10年前はアベノミクスや金融緩和に総じて否定的だった。

そして10年経過した2022年以降は、彼らの多くは「悪い円安」などと喧伝している。こうした状況に、機関投資家に勤務しつつ金融市場に身を置く筆者は、正直呆れ果てていた。「円安問題」に関する世間の誤解が解消されればと考え、本書を執筆するに至った。


執筆中に、日米ともに政治体制が変わった。すでに、2025年からのトランプ2・0始動を前に関税引き上げが確実視されるなかで、前倒しで在庫確保に企業が動くなど、米国の政策転換は企業活動に広範囲に影響を及ぼしつつある。

関税引き上げの企業への影響はさまざまだが、米国国内に限れば、トランプ政権の経済政策は、関税引き上げのネガティブな影響、減税政策などのプラスの影響がほぼ相殺すると筆者は予想している。

米国の経済政策の指揮をとる財務長官にスコット・ベッセント氏が任命される見込みだが（2024年12月現在）、同氏はマクロ系ヘッジファンドの創設者であり、またジョーズ・ソロス氏とともに1992年のポンド危機時にポンド売りトレードにも携わっていたとされている。同氏はアベノミクスの成功にも影響を受けており、2012年時の第2次安倍政権誕生の後で起きた金融市場の大きな変動に投資家の立場で直面していた。

そして、安倍元首相が提唱した「3本の矢」に倣う経済政策をトランプ氏に助言した、とウォール・ストリート・ジャーナル紙は報じている。具体的には、規制緩和によるGDP成長率3%を実現しつつ、2028年までに財政赤字をGDP比3%に削減、そして日量300万バレル相当の原油増産、である。

米国の経済成長率の推移と比較すると、3%の経済成長はかなり高い伸びであり、妥当性については議論が分かれるだろう。ただ、適切なマクロ安定化政策を行い、市場メカニズムを徹底するために規制緩和を進めることで、政府が経済成長率を高める方針を明示することは重要だ。

第一に高い経済成長を実現して、それが税収増をもたらすので、財政収支も持続可能性も高まる、というのがベッセント氏らの考えとみられる。そして経済全体の成長があって、エネルギーセクターなどの伝統的産業も復活できる。

これが「トランプ流の3本の矢」なのだろう。

今後、日本を含めた諸外国の政治リーダーが、米国からの関税引き上げなどの要求に対して、国益を守る対応を余儀なくされる。10月に発足した石破政権も、2025年早々に高度な政治判断を行う必要に迫られるかもしれず、トランプ政権に身構えながら対峙することになるだろう。

ただ、相手がある交渉事とは異なり、自らの政策対応で国力や国益を高める手段がある。一つは、標準的な経済理論に基づいたマクロ安定化政策（財政金融政策）であり、これがうまくいけば、経済成長率や国民の経済的な豊かさが高まる。そして、最近の円安は、脱デフレ完遂のためのマクロ安定化政策によってもたらされた必然的な値動きである。

アベノミクスの成功を意識しながらトランプ氏に経済政策を提唱した、ベッセント次期財務長官を見習い、石破政権は改めて日本の経済成長を高める政策を徹底すべきだろう。トランプ政権とシビアな交渉になっても、トランプ氏と懇意だった安倍元首相の政策を引き継ぎ経済成長が続いている成果をアピールできれば、トランプ政権との交渉が多少はうまくいくかもしれない。

仮に、トランプ次期政権から防衛費の積み上げなどが要請されても、円安と経済成長で税収が増えているのだから、対応が容易になる。日米の外交安全保障関係がさらに安定すれば、当然ながら、「台湾への野望」を隠さない中国へのプレッシャーにもなる。

ところで、岸田前政権の経済安定化政策に点数をつければ、50点だったと筆者は評価している。評価できない点は、財政政策においては定額減税を素早く実現できずに、真逆の政策である防衛増税を決めるなど、一貫した対応を行わなかったことだ。

終盤には求心力が衰える中で、日本銀行が7月会合でサプライズの追加利上げを行った。本書でも述べたがこの判断は時期尚早だったと筆者は評価しているが、経済政策が揺らいだ象徴といえるだろう。

石破茂首相は岸田前政権の政策を踏襲しているとみられるが、それではトランプ政権に対峙することは難しいのではないか。幸いながら、減税政策を掲げる国民民主党との政策協議に連立与党は直面している。

国民民主党が掲げる減税政策を取り入れれば、2024年まで停滞していた家計の所得は底上げされる。実際のところ国民民主党が掲げる、基礎控除などの引き上げは、インフレ率の上昇に応じて税制を調整するという、多くの先進国で行われている常識的な対応である。それがなければ自然に増税となるのだから、2024年までこの対応が行われないことの方が不合理だ。

そうした「当たり前の政策」を主張する国民民主党が世論の後押しを受けて総選挙で躍進、日本の政治のキャスティングボードを握っているのは悪くない政治状況である。

つまり、トランプ次期政権の外圧を利用しながら、国民民主党との協力で、米国に歩調を合わせて拡張的な経済政策を続けることが、今の日本にとってベストな政策対応になる。逆噴射し続けた「第二の矢」を、(10年越しになるが)まともに作用させればいいだけだ。

石破政権の対応次第で、2025年の日本経済は完全復活を遂げることができるだろう。石破首相らが金融財政政策の重要性、そして妥当な政策を深く理解しているか否か、筆者は投資家の視点で慎重に見定めている。

株式会社回遊舎の酒井富士子氏から企画のお声がけいただいたことがきっかけで、本書の出版に至った。酒井氏などには、本書の構成・執筆・図表作成にわたり、広範囲なご協力をいただいた。改めてお礼申し上げたい。

２０２４年12月　村上尚己

本書で示した筆者の意見は、筆者が所属する
組織の意見・見解とは一切関係がありません。
あらかじめご了承ください。

【著者プロフィール】

村上尚己（むらかみ・なおき）

エコノミスト

アセットマネジメントOne株式会社シニアエコノミスト。1971年生まれ。1994年東京大学経済学部卒業後、第一生命保険に入社。その後、日本経済研究センターに出向し、エコノミストとしてのキャリアをスタートさせる。第一生命経済研究所、BNPパリバを経て、2003年からゴールドマン・サックス証券でエコノミストとして日本経済の予測全般を担当、2008年マネックス証券 チーフエコノミスト、2014年アライアンスバーンスタン マーケットストラテジスト。2019年4月から現職。経済予測分析のプロとしての評価が高く、投資家目線で財政金融政策を分析する。著書『「円安大転換」後の日本経済』（光文社）、『日本人はなぜ貧乏になったか？』（KADOKAWA／中経出版）、『日本経済はなぜ最高の時代を迎えるのか？』（ダイヤモンド社）、『日本の正しい未来』（講談社）など。

装丁　小口翔平＋畑中茜（tobufune）
本文・DTP　土屋光（Perfect Vacuum）
執筆協力　酒井富士子・白石悠（回遊舎）
編集協力　塚越雅之（TIDY）
校正　広瀬泉

円安の何が悪いのか？

2025年1月23日　　初版発行

著　者　村上尚己
発行者　太田　宏
発行所　フォレスト出版株式会社
〒162-0824 東京都新宿区揚場町2-18 白宝ビル7F
電話　03-5229-5750（営業）
　　　03-5229-5757（編集）
URL　http://www.forestpub.co.jp

印刷・製本　中央精版印刷株式会社

ISBN978-4-86680-820-8　Printed in Japan